LIDERAZGO GUBERNAMENTAL DEL REINO

Mayra Lopez

Número de Control de la Biblioteca del Congreso de EE. UU.:		2013914356
ISBN:	Tapa Dura	978-1-4633-6371-0
	Tapa Blanda	978-1-4633-6370-3
	Libro Electrónico	978-1-4633-6369-7

Este libro fue impreso en los Estados Unidos de América.

Fecha de revisión: 28/09/2013

Para realizar pedidos de este libro, contacte con:
Palibrio LLC
1663 Liberty Drive
Suite 200
Bloomington, IN 47403
Gratis desde EE. UU. al 877.407.5847
Gratis desde México al 01.800.288.2243
Gratis desde España al 900.866.949
Desde otro país al +1.812.671.9757
Fax: 01.812.355.1576
ventas@palibrio.com
435582

LIDERAZGO GUBERNAMENTAL DEL REINO

Dr. Iosmar Álvarez

ÍNDICE

PARTE I
LIDERAZGO GUBERNAMENTAL DEL REINO

PARTE II
CARACTERÍSTICAS FUNDAMENTALES
DE LAS IGLESIAS DEL REINO

PARTE III
ESTRATEGIAS DE MULTIPLICACIÓN
DE IGLESIAS DEL REINO

PRÓLOGO

Cada vez que abro un libro siento la misma emoción infantil
—aquella que me hacía anticipar el sabor acaramelado del confite antes de
quitarle la envoltura—; y al abrir las páginas de este, mi emoción es triple;
pues se trata de un texto que ha crecido en el corazón de mi hijo espiritual
y está pensado en el contexto de nuestras iglesias. A la vez, he observado
cómo su congregación partió de cero hasta lograr el crecimiento y el
impacto que ahora posee.

¡Cómo olvidar aquellos susurros de sus primeros pasos! La vida de
Iosmar Álvarez se transformó, en pleno siglo XXI, en la de un Nehemías
que actuaba como agente catalizador (Nehemías caps. 1-7) y consolidador
(Nehemías caps. 8-13) para propiciar un gran avivamiento en Lexington,
Kentucky; y a su vez soñar que este se extiende a toda la nación.

Iniciar una iglesia hispana-latina en el contexto de los Estados Unidos
no es una tarea fácil y, si añadimos el hecho de que el escritor de este libro
aprendía y practicaba cómo hacerlo, parecería algo imposible. Conocí al
Rev. Dr. Álvarez hace ya más de una década. Le invité a formar parte de
nuestro equipo apenas con cuatro meses de iniciar una relación personal
con Jesucristo como su Señor y Salvador. Poco a poco, con imperceptible
admiración, fui descubriendo cómo aquel líder crecía juntamente con sus
líderes y alcanzaba las ciudades a su alrededor.

En esta obra, el pastor Dr. Álvarez desea compartir su esfuerzo, su
caminar y su experiencia con Dios en el desarrollo y en el gobierno de esta
congregación. Su anhelo es exponer al lector cuáles son los distintivos en
el crecimiento numérico de Fuente de Avivamiento y cómo estos pueden
asistirle en el proceso al plantar iglesias hispano-latinas.

Dos venas recorren el corazón de su amada iglesia: evangelismo y
discipulado. El oxígeno que le da vida es la convicción constante de
formar líderes que, en su momento, formarán otros líderes. Este modelo
es un arquetipo fiel de las palabras del Apóstol Pablo en 2 Timoteo 2:2

"Las cosas que oíste de mí en medio (*mediante*) de muchos testigos, éstas encarga a hombres (*mujeres*) fieles que sean idóneos para enseñar también a otros". BT

El futuro les depara un destino divino de multiplicación diaria forjada en las rodillas, mentes y corazones ardientes de cientos de personas y líderes convencidos de que la hora de Dios ha llegado a Kentucky para visitarnos y otorgarnos un gran avivamiento multitudinario como un árbol plantado junto a corrientes de agua, cuyas hojas son sanidad para las congregaciones y las naciones.

Este libro nos muestra a una persona y a un pueblo que establece iglesias hispanas-latinas saludables que se reproducen rápidamente. Es un texto de fácil y contagiosa lectura y con un ADN disponible para inyectar nueva sangre a cada esfuerzo de plantar iglesias en un contexto nuevo y diferente.

Espero que vayan desenvolviendo cada página con la anticipación de encontrarse con la dulzura que el Espíritu Santo ha puesto en esta obra.

Rev. Eliseo A. Mejía Leiva
Senior Pastor de Mosaic UMC
Director de Ministerios Hispanos
Conferencia de Kentucky

DEDICATORIA

Este libro, que contiene importantes principios de liderazgo, lo dedico a formar hombres y mujeres radicales, que trasformen ciudades, que vayan a las casas, a las comunidades y a las naciones. Dedico este libro a líderes potenciales para que lleguen a cumplir los sueños de Dios, a líderes formados y activos, para que maximicen su don de liderazgo. Está dirigido a los grandes y a los pequeños de toda cultura, nación y lengua; puesto que los principios aquí descritos son prácticamente transferibles a cualquier contexto.

Se dedica a líderes gubernamentales que caminan bajo cielos abiertos. Líderes quebrantados, transparentes, radicales; aquellos que ministran con una mano en el corazón y la otra en la espada. Líderes que entienden que por causa de la maldad, el tiempo se ha acortado y no hay tiempo para perder. Líderes con corazones de guerreros, la mentalidad del reino y amigos del Espíritu Santo.

AGRADECIMIENTOS

Dios ha prometido que el año 2013 es un año de autoridad y conquista. El Espíritu Santo nos ha estado guiando a entrar por puertas abiertas por Jesús para cambiar el mundo, haciendo avanzar el reino de Dios por la fuerza, con poder gubernamental.

En esta ocasión agradezco:

Primero a nuestro Dios y Padre celestial por poner en mi corazón el deseo de escribir este libro que transformará la vida de muchas iglesias locales y líderes en todo el mundo. Agradezco a Jesús, quien me salvó, redimió y me hizo parte de su iglesia, permitiéndome humildemente trabajar en ella para su gloria. Al Espíritu Santo, quien ha sido mi maestro y guía para edificar la casa de Dios, trayendo revelación de principios aprendidos por medio de la Palabra y la experiencia personal.

Segundo, agradezco a mi familia, a mi amada esposa Zulayne Álvarez y a mi hijita Sulam, por las horas sin mi compañía. Mi esposa, mi compañera de batallas, quien siempre está conmigo, entiende las demandas tan grandes de mi llamamiento y ministerio. A mi madre, Loyda Alfonso, por su ejemplo de superación incansable; a mi hermanita Ismeivys Álvarez por respaldarme en los momentos más duros de mi vida, pero sobre todo por su amor incondicional; a mi hermanito Alexis Álvarez, por invertir en mí, al costear mis estudios en Cuba, y cubrir la ausencia de mi padre.

Tercero, agradezco a grandes siervos de Dios que me han servido como mentores ministeriales. A mi padre espiritual, el Rev. Eliseo Mejía, quien ha invertido su vida en mí, desde el primer día, y me ha llevado paso a paso a convertirme en el hombre de Dios que soy hoy en Cristo Jesús.

Cuarto, a la conferencia de Kentucky, a nuestro Obispo Lindsey Davis, Barry Carpinter, Tom Eblen, David Calhoun y muchos otros que creyeron en mí, y me dieron la oportunidad de operar en los dones que Dios me ha dado, para alcanzar mi destino libre en Cristo.

Finalmente, a todos mis hijos e hijas espirituales, quienes son los protagonistas de toda la obra de Dios en nuestro ministerio. Hombres y mujeres usados por Cristo para la transformación de la ciudad de Lexington, el norte de los Estados Unidos y el mundo. Familias de todas las naciones que invierten tiempo, finanzas y esfuerzo en el cumplimiento de la visión de la casa Fuente de Avivamiento. Gracias, amados, por su fidelidad todos estos años; ustedes son mi corona y mi gloria en Cristo. Ustedes, mis hijitos amados, son mi carta de recomendación ante los hombres, y testimonio de la fidelidad de Dios en los cielos.

COMENTARIOS DE LA EDITORA

He leído en mi vida muchos libros; pero pocos la han impactado de forma significativa. Este es uno de ellos. Cuando se me hizo el acercamiento para editar este texto no conocía a su autor, el Dr. Iosmar Álvarez. Tampoco estaba receptiva a leerlo porque estaba pasando por momentos tan difíciles como puede ser, en la vida de un ser humano, la enfermedad, gravedad y final deceso de una madre. Sin embargo, en medio del sufrimiento, mientras reflexionaba en esta decisión, oí el dulce susurro del Espíritu Santo que decía: "¿Qué no vas a leerlo? ¡Otras personas han leído textos tuyos sin apenas conocerte!" De más está decir que todos mis argumentos se derrumbaron. Tan pronto pude comencé la tarea.

Mientras leía el libro me identificaba con conceptos, sentía que recibía respuesta a algunas preguntas que como esposa de pastor me había hecho muchas veces y, lo más importante, recibí de una forma muy especial el impacto del Espíritu Santo en mi vida. He sentido cómo este refrescaba mi alma cansada y sedienta y a su vez marcaba una nueva etapa en mi trayectoria como cristiana.

Considero, sin temor a equivocarme, que este libro, que salió del mismo corazón de Dios, será una valiosa herramienta en las manos de líderes cristianos que tomen en serio la Gran Comisión.

Al Dr. Álvarez, mi más profunda admiración por su amor por las almas y por ser ejemplo de lo que es un siervo de Dios apasionado y obediente.

Dra. Elba Torres Cruz, editora

PARTE I

Liderazgo gubernamental del reino

Una Iglesia es tan fuerte como la fuerza de sus líderes
y su capacidad para gobernar.

Introducción

Después de 12 años de trabajo arduo plantando y revitalizando iglesias en el estado de Kentucky, el Espíritu Santo me dirigió, como padre espiritual de la casa, pastor y fundador del Ministerio Internacional Fuente de Avivamiento, a escribir sobre los valores, los principios y el funcionamiento de la Iglesia de Cristo, bajo una mentalidad de reino. Todo con el firme propósito de desarrollar líderes gobernadores de ciudades que plantan iglesias efectivas por las casas, las comunidades y las naciones.

Con el propósito de traer unidad, claridad, ritmo y fluidez al proceso de plantar y revitalizar iglesias saludables, se escribe este poderoso libro lleno de principios prácticos que trascienden culturas y contextos. El fin es que todos los hombres y mujeres de Dios que cada día entregan su tiempo, esfuerzo, servicio, talentos y finanzas para plantar iglesias vivas y radicales tengan a su alcance una herramienta útil que les lleve a encontrar aliento y esperanza. Este texto les permitirá también reenfocar su visión local por causa de la visión de Dios, lo cual hará más efectivo su trabajo.

Este poderoso libro es una herramienta de trabajo que provee información valiosa y digna de ser retenida. En este encontrará desde cómo ser un líder efectivo del reino hasta cómo manejar su llamado a gobernar y operar en la unción de multiplicación para incrementar el ADN de iglesias madres. Además aprenderá los pasos clave del proceso para organizar la iglesia local, plantar iglesias madres que a su vez planten otras iglesias y hacer discípulos que lleguen a ser líderes. Dios nos ha dado una visión apostólica radical, transformadora y de avance para cambiar y transformar las comunidades y las naciones, lo cual traerá un rompimiento sobre la atmósfera espiritual de los Estados Unidos y el mundo.

Este libro se convertirá en una espada ministerial para guerreros y guerreras de Dios. Úsalo para informarte, tomar decisiones, soñar con tu gente sobre lo que pueden llegar a ser en Dios bajo la cobertura del Espíritu Santo, mientras marcamos nuestro destino bajo el liderazgo de Jesús.

I
EL ADN DEL LIDERAZGO GUBERNAMENTAL

El precio de la visión

Testimonio personal

Nací en Cuba en 1974. Aunque originalmente me entrené como médico veterinario, al conocer al Señor me convertí en pastor ¡solo seis meses después de mi conversión inicial! Antes de mi encuentro con el Señor, mi vida interior era un desastre aunque a la vista de los demás parecía perfecta. Tenía no solo dinero, sino el amor y el respeto de todos. Sin embargo, todavía había un vacío en mi vida, por lo que traté de buscar a alguien a quien amar, a quien hacer feliz, con quien compartir mi vida, alguien con integridad que realmente estuviera allí para mí.

Cuando conocí a Yanet, mi primera esposa, ella trajo mucha paz a mi vida, tanto que ya no quería ir a fiestas ni a nada que pudiera poner en riesgo mi relación con mi nuevo amor. Por otra parte, estaba cansado de la gente en la calle, de las mujeres y de los amigos que no aportaban nada positivo. En este punto crucial de mi vida, decidí explorar una nueva forma de encontrar la felicidad, por lo que decidí asistir a una campaña en la Iglesia Metodista en Cuba. Esa noche estaban hablando de Cristo, decían que Él sanaba, salvaba, liberaba del dolor y de la tristeza y que Él podía darme una vida nueva. Como persona curiosa, decidí poner a prueba todo, sin importar el riesgo o las consecuencias.

En ese momento, el predicador me miró y dijo en voz alta: "Dios tiene un plan para tu vida"; pero en lugar de recibir la palabra dudé porque había oído el mismo mensaje de otros predicadores y sacerdotes satánicos. El culto continuó con mucho avivamiento y fuego. Al finalizar este, me marché preguntándome qué estaba pasando con la gente por la que se oraba, caían al suelo y se levantaban diciendo que habían tenido una gran experiencia con Dios. ¿Qué podría tener de bueno estar tendido en el suelo delante de otras personas? En ese momento, racionalizaba que el pastor podría estar haciendo algún truco o que tal vez las personas que se caían tenían hambre y estaban mareados.

Sin embargo, al día siguiente decidí averiguar por mí mismo qué pasaba cuando el predicador imponía las manos sobre la gente; y para mi sorpresa también me encontré tendido en el suelo, riendo y llorando al mismo tiempo no solo frente a mi esposa, mi familia y mis amigos, sino frente a gente extraña. Tan pronto como pude me puse de pie y salí de la iglesia decidido no volver nunca más; pero, por más que mi mente la cuestionara, era imposible negar la experiencia vivida. Después de aquella noche, había algo diferente en mí. Sentía una paz que sobrepasaba mi propio entendimiento. En mi casa, encontré una Biblia y comencé a leer los Evangelios para conocer más acerca de Jesús. Les hablé a mi madre y a mis amigos sobre el amor y el perdón de Cristo, y volví a la iglesia tres meses después para dar mi vida al Señor. Esta vez algo realmente había cambiado dentro de mí.

En la Iglesia Metodista, me llamó la atención la manera en que John Wesley abordaba los temas más polémicos de la Biblia, de modo que comencé a estudiarla. También estudié la vida y el trabajo de John Wesley, quien se convirtió en una ventana para lograr visualizar lo que significa ser un verdadero cristiano en este mundo, lo cual se circunscribe a ser como Cristo, el varón perfecto.

Hay muchos hombres y mujeres influyentes que Dios ha puesto en mi vida para guiarme. Mi pastor en Cuba, Jorge Riaño, es un creyente fuerte y un pastor transparente. Él me enseñó la Biblia y la tradición de John Wesley. Estas enseñanzas edificaron una base sólida en mi corazón y me protegieron de perderme en las falsas doctrinas y maestros que operaban en mi ciudad natal.

Mi vida cambió cuando llegué, en diciembre del 2001, a Louisville, KY en los Estados Unidos. Mi corazón estaba lleno de sueños ante las oportunidades que ofrece esta tierra maravillosa. Pensaba que cualquier persona podía prosperar si trabajaba duro para obtener una mejor posición en su vida. Cuando salí de Cuba, no sabía nada acerca de los planes que Dios tenía para mí. Solo quería ser un veterinario exitoso en los Estados Unidos y vivir como un cristiano obediente a Dios, a mi pastor y a mi iglesia. Antes de salir de la Isla oré: "Dios, solo quiero una Iglesia Metodista lo suficientemente cerca de la casa de mi hermana

Ismeivys como para que pueda caminar hasta esta. Además, no quiero perder mi alma por la prosperidad de ese país". Cuando llegué a la casa de Ismeivys, me percaté de que la Iglesia Metodista Beuchel estaba solo a dos cuadras del hogar de esta. Una vez más, Dios me confirmaba que escuchaba mis oraciones.

Mi vida personal fue impactada en todas las áreas al inmigrar a los Estados Unidos. Sin embargo, el cambio más importante fue en el área ministerial. Cuando llegué a la iglesia por primera vez en USA, la Rdo. Avis O'Connor me presentó a Eliseo Mejía, quien se convirtió en un mentor maravilloso en mi vida. En ese momento comenzaba a plantar, con grandes resultados, mi primera congregación en Preston Highway UMC. ¡Sesenta nuevos creyentes llegaron a la iglesia en solo tres meses! Eliseo Mejía me pidió que trabajara con él como un plantador de iglesias para la Iglesia Metodista Unida de Kentucky, lo cual acepté y pronto comencé en el proceso de capacitarme como líder.

Comencé como líder voluntario en Preston Highway UMC, nunca le pedí a Dios ser pastor; pero cuando llegué a los Estados Unidos, tuve que decidir entre mis propios sueños profesionales y el sueño de Dios para mí. Dios me reveló la necesidad de la población hispana, la minoría de más rápido crecimiento en los EE.UU. A pesar de que podría haber hecho más dinero como médico veterinario, Dios me habló a diciéndome: "¡Médico veterinario, eso es demasiado fácil, hijo! Aquellos que verdaderamente me aman no tienen una vida ordinaria y simple". Entonces el Señor me dijo: "Deja a un lado tus sueños profesionales para cumplir mi sueño. ¡Te llamo al ministerio a tiempo completo!"

Después de servir en Preston Highway UMC durante dos años, la Iglesia Metodista Unida me envió a Hopkinsville, KY para plantar otra iglesia hispana. Esta vez con salario completo para dedicarme solo al ministerio. Mi esposa Yanet y yo comenzamos a trabajar duro en esa ciudad y se produjo nuevamente la multiplicación de discípulos. En los primeros meses, más de 40 personas aceptaron a Cristo y fueron bautizadas. El ministerio se hacía más fuerte cada día. En mi mente todo iba bien. Era un exitoso fundador de iglesias, reconocido por la Conferencia de Iglesias Metodistas. Mi esposa Yanet estaba trabajando fielmente a mi lado, tenía mi propia casa de cinco cuartos, mi buen carro, en fin: el sueño americano en solo dos años. Nada podría haber sido mejor. Sin embargo, surgió una gran prueba. Al volver de una reunión de capacitación de líderes con otros pastores hispanos, mi esposa y yo tuvimos un accidente automovilístico en el que ella falleció.

Después del accidente, quedé sin palabras, sin ganas de pelear, de vivir y mucho menos de seguir sirviendo en la casa de Dios. Realmente estaba destrozado. No quería que nadie me hablara acerca de cuán bueno es Dios ni escuchar consejos bien intencionados de nadie. Tampoco quería que me dijeran: "Fue la voluntad de Dios, el Señor sabe lo que hace, ella ahora está en un mejor lugar". Solo quería sufrir mi dolor y vivir mi duelo y luto en paz. Una semana después del accidente, Dios me dio una promesa en Job 8:21: "Pondrá de nuevo risas en tu boca, y gritos de alegría en tus labios".

Mientras me preparaba para el funeral de mi esposa, estaba destrozado, pero oía una voz fuerte en mi cabeza que repetía, una y otra vez, como un disco rayado, 2 Corintios 5:1. La voz que no se detenía era como un martillo que golpeaba en mi cerebro. Como no podía caminar por mí mismo, mi cuñado Abel Muñoz y mi pastor Eliseo Mejía me sostenían. Mientras caminaba de la casa parroquial a la iglesia, la voz resonante persistía. Tan pronto llegué al templo pedí una Biblia, busqué el pasaje y lo leí en voz alta: "De hecho, sabemos que si esta tienda de campaña en que vivimos se deshace, tenemos de Dios un edificio, una casa eterna en el cielo, no construida por manos humanas". En ese mismo momento, el Espíritu Santo cambió no solo mi postura física, sino también mi perspectiva de la muerte y de la vida en la tierra y en los cielos. Los que estaban presentes notaron de inmediato la transformación. Mientras caminaba hacia el ataúd, repetí el verso en voz alta mirando a mi esposa y sentí las fuerzas para seguir adelante.

Ese día, en el funeral, el Espíritu Santo realizó un milagro y el ser deprimido y angustiado se transformó de forma tal que pude predicar el mensaje. Recibí una paz sobrenatural que sobrepasaba la comprensión humana. En ese culto, doce personas aceptaron al Señor y los que me acompañaron la semana anterior inmediatamente notaron el cambio sobrenatural en el hombre que pocas horas antes había estado acostado llorando en la cama, como un bebé que se niega a ser consolado.

Después del sepelio en los Estados Unidos, llevé a mi esposa a Cuba, ante la familia, e hice un segundo funeral después de viajar por toda la Isla con el cuerpo de mi amada, de ciudad en ciudad y de pueblo en pueblo. Esta fue nuestra última jornada juntos. Después de terminado este segundo funeral en Cuba, llevamos el ataúd hasta el cementerio para el último adiós. En ruta al camposanto, prediqué a Cristo a los presentes y se convirtieron muchos. Ese día toda la familia de Yanet y la mía aceptaron a Cristo. Mientras me preparaba para colocar el ataúd en tierra, escuché la voz del Señor preguntándome si me gustaría ver de nuevo a Yanet. Respondí que sí, y tuve en ese momento la visión de Yanet, sentada, vestida de blanco, caminando y danzando después de haberse levantado del sepulcro. Entonces oí otra voz que preguntaba si me gustaría estar con ella otra vez. Cuando respondí "sí", el Señor claramente me reveló que Yanet está en mi futuro y no en mi pasado. Si sigo caminando por el llamamiento que Dios me ha dado, si soy fiel, el Señor me prometió que vería a mi primera esposa de nuevo en el cielo. El Señor me dijo: "Iosmar, en este momento deja de mirar atrás, mantén tus ojos puestos en el futuro y se encontrarán otra vez, tú conmigo, ella contigo, todos en uno.

Después de esa experiencia en Cuba, regresé a Estados Unidos y tomé un sabático de siete meses para orar, ayunar y buscar a Dios. Leí muchos sermones de John Wesley, sus obras y su biografía. El fuego en mí para plantar iglesias comenzó a regresar con más fuerza que antes, hasta el día en que le dije a mi familia lleno del Espíritu Santo: "Dadme un púlpito o moriré". Al día siguiente, Eliseo Mejía, mi padre espiritual, sin saber nada de la declaración hecha el día anterior en la sala de mi casa, me llamó para decirme que tres iglesias me estaban buscando para iniciar congregaciones hispanas. Durante ese tiempo de siete meses, el Señor me había dicho que iba a impactar las naciones comenzando con la República Dominicana.

Llegó el momento de seleccionar la iglesia que Dios tenía para mí. Cuando estaba haciendo mi ronda de entrevistas en las tres iglesias potenciales, llegué a casa del Pastor David Calhoun. Allí vi una foto del pastor David con dos dominicanos y, al preguntar, me dijeron: "Nuestra iglesia Hope Springs tiene una misión en la República Dominicana, vamos cada año". En ese momento, supe que estaba llamado a esa iglesia en particular a pesar de las limitaciones y retos, puesto que el pastor hispano anterior había caído en adulterio, la iglesia había quedado en ruinas y sus líderes estaban débiles y decepcionados. El escenario no podía ser peor, esta iglesia no tenía nada de lo que le ofrecían en otras congregaciones que le prometían mejor salario, seguro médico y una casa pastoral equipada. A través de ese ministerio, la promesa de Dios se cumplió. Viajé en varias ocasiones a la República Dominicana y predicaba todas las noches en diferentes iglesias, donde recibí una amplia acogida. La iglesia que comencé en Hope Springs fue nombrada Fuente de Avivamiento y ha estado creciendo desde entonces.

He pastoreado durante 12 años, y estoy convencido de que mi llamado no es una emoción. Es una convicción profunda del corazón que nació para apoyar y establecer el reino del Señor en el pueblo hispano que vive en Estados Unidos e internacionalmente. Mi vida ha estado marcada radicalmente por una unción apostólica transformadora, gestada en medio del fuego de la prueba que vino por ese terrible accidente del 2003 cuando perdí a mi primera esposa. Ahora soy una persona diferente, debido a las pruebas y dificultades que he enfrentado, las cuales me transformaron en un pastor con una visión radical.

Aunque el accidente automovilístico constituyó una prueba de grandes proporciones que dividió mi vida en dos, estoy completamente convencido de que Dios es bueno, Todopoderoso y amoroso. La Iglesia Metodista Unida ha jugado un papel muy importante en mi vida desde que me convertí hasta mi llamamiento. No estés triste por este testimonio. El propósito es ver la restauración y el poder de Dios para sanar. Hoy, estoy casado con Zulayne Álvarez, una mujer maravillosa que me ha enseñado a amar otra vez, tenemos juntos una preciosa niña, cuyo nombre es Sulam. Nombre hebreo que significa, cielos abiertos, torbellino, puerta en el Espíritu y escalera al cielo. Su nombre es un grito de victoria cada vez que lo declara. Y créanme, ella es un torbellino, su nombre se escucha por toda la casa: Sulam, Sulam. Dios es bueno, y para siempre es su misericordia.

Éxodo 34:10 Reina-Valera 1960 (RVR1960)

> *10 Y él contestó: He aquí, yo hago pacto delante de todo tu pueblo; haré maravillas que no han sido hechas en toda la tierra, ni en nación alguna, y verá todo el pueblo en medio del cual estás tú, la obra de Jehová; porque será cosa tremenda la que yo haré contigo.*

Esta palabra la recibí el día de mi conversión por una sierva de Dios a quien llamamos cariñosamente Nuri. Ella me hablaba de la Palabra y de la importancia de servir a Cristo desde que era solo un niño. Y como ven y verán a lo largo de este libro, Dios ha hecho y sigue haciendo cosa tremenda. Aquí, nace la visión de transformar naciones comenzando por las casas y las comunidades. Ganando un alma a la vez, formando un discípulo a la vez, plantando una iglesia a la vez.

Pasos para encontrar la visión de Dios para tu vida

Después de muchos años entrenando líderes, plantando iglesias e iniciando nuevos proyectos, hay una pregunta que sigue siendo fundamental para cada líder sincero que sirve a Cristo. Ellos se preguntan: ¿Cómo puedo llegar a tener mi propia visión de Dios? He leído muchos libros sobre visión muy buenos, que describen bien el concepto, pero cómo busco a Dios para que me revele mi visión personal, la visión para mi iglesia, ministerio u organización. ¿Es este tu caso? Quiero compartir contigo un proceso simple que te llevará paso a paso a encontrar la visión de Dios para tu vida y para tu comunidad.

El primer paso para encontrar tu visión personal o ministerial es:

Sentir una carga

¿Qué es lo que carga tu corazón? Cuando manejas o caminas alrededor de tu ciudad, qué es lo que te sacude y no te deja dormir? ¡Si no puedes pensar en nada, levántate! Y sal a buscar la voz de Dios para tu comunidad, maneja por las calles de esta en oración y mantente atento a lo que Dios ya está haciendo y únete a Él. Aquello que quebranta tu alma se convertirá inevitablemente en una carga que llenará tus ojos de lágrimas; tu corazón, de dolor y hará estremecer tu espíritu. Experimentarás un deseo interior de justicia divina, un anhelo santo de ver a Dios moverse y traer un avivamiento a tu ciudad.

Un sueño

La carga se convertirá en un sueño, el sueño de ver a Dios transformar la pobreza, la escasez y la ruina en bendición y ver a miles venir a los pies de Cristo. El sueño de ver al rico y al pobre, al negro y al blanco con un mismo corazón adorando a Cristo; el sueño de hacer la diferencia para tu generación, el sueño de dejar una huella palpable durante los años de tu peregrinación en la tierra. Ahora bien, los sueños no siempre se hacen realidad, y esto sucede por muchas razones, entre ellas encontramos las siguientes: la falta de carácter y de dones, la incapacidad de permanecer firmes suceda lo que suceda, la falta de compromiso y las agendas personales por encima de la de Dios para nuestras vidas.

Visión

La diferencia entre sueño y visión es clara. Las visiones de Dios están respaldadas por un diseño claro y definido que las lleva a su cumplimiento. La visión viene acompañada de un proceso perfecto para hacer que las cosas pasen. La visión recluta hombres y mujeres de valor que dan todo por causa de esta. Primero, tiene que haber una carga en tu corazón, la carga se convierte en un sueño, y el sueño con pasos claros de acción se convierte en visión. La visión de ver la solución y el progreso de los proyectos de vida en acción, respaldada por la fe, mientras Jesús es glorificado. Finalmente, la convicción inunda tu corazón y te dispones a pagar el precio por lo que Dios te ha entregado. Y descubres que nadie está por encima de la visión, ni aun tú mismo.

El proceso de manifestación de la visión de Dios

El proceso de la visión no es más que el acto de descubrir los diseños de Dios para una vida, una ciudad o una nación. Dios por su Espíritu revela los diseños escondidos desde antes de la fundación del mundo. Mientras que por medio del poder creativo de Dios el espíritu del hombre es activado para ver en el espíritu lo que hasta el momento no le había sido revelado por causa del pecado en su vida, las circunstancias, la falta de revelación, o sencillamente por encontrarse fuera de la voluntad y de los tiempos de Dios.

Veamos lo que nos enseña Génesis 1:

Lo primero que vemos declarado en el primer capítulo de Génesis es la frase "En el principio" esto nos informa que no había un tiempo cronológico específico, pero que los principios de Dios son medibles en tiempo *kairos*, los cuales son tiempos específicos; pero no definidos o exactos para el hombre. Son los tiempos en los que Dios decide hacer algo en la tierra por su soberana y perfecta voluntad en tiempo terrenal, para un lugar, una persona o nación. Entendemos que toda visión de Dios tiene un principio, un momento cuando no vemos ni sabemos nada, porque no nos hemos manifestado a los hombres.

Veamos, el caso de Juan el Bautista, quien estuvo vagando por el desierto hasta el tiempo de la manifestación de su ministerio en Israel.

Lucas 1:80

> *Y el niño crecía, y se fortalecía en espíritu; y estuvo en lugares desiertos hasta el día de su manifestación a Israel.*

Hay un tiempo en que Dios nos aísla, nos deja solos para tratar con nosotros y construir la base y el fundamento de nuestro ministerio para el desarrollo de la visión. Un tiempo en el que no estamos seguros de cómo llegaremos a realizar la visión de Dios. De hecho, ni siquiera tenemos una visión clara y definida, es solo un sueño, un deseo ardiente, una carga. Pero aún está muy obscuro y no podemos ver con claridad.

En Génesis 1:3 dice: "Y dijo Dios, sea la luz; y fue la luz". La expresión "dijo Dios" viene de la palabra hebrea "vara" que significa "traer a la existencia". Dios declara "vara" y trae a la existencia lo que Él ha determinado. Por eso Hebreos 11 declara que la fe es la certeza de lo que se espera, la convicción de lo que no se ve; de modo que el mundo que se ve fue hecho de lo que no se veía.

Entendamos que el hecho de que no se veía no quiere decir que no existía, y mucho menos que no era real. Ya existía en la mente y el corazón de Dios. Por tanto, el primer principio que quiero establecer hoy, es que el poder creativo de Dios se puede manifestar ahora mismo, Dios declara un "vara en tu vida" y trae a la existencia, algo que tú necesitas y estás esperando porque has orado al respecto. Dios pone, por su soberana voluntad, una visión clara y definida en la vida de un líder y se la muestra para que lo busque, lo anhele y lo desee.

Un principio poderoso que Dios me ha enseñado es que "Todo lo que deseamos es porque lo hemos visto", sin embargo no todo lo que hemos visto lo deseamos. Por esta causa, Dios nos muestra la visión en el espíritu antes de traerla a la existencia, para que podamos evaluar lo que vemos, para que podamos determinar si hemos llegado a nuestro destino. Si estamos en el lugar correcto, podemos examinar nuestra realidad, nuestro presente. Al evaluar el presente, podemos decir estoy viviendo fuera de la voluntad de Dios para mi vida, este negocio, esta iglesia no está operando como Dios me lo ha mostrado en la visión. Esto no es lo que Dios me ha mostrado, corrijámoslo. La visión en el corazón del visionario es una certeza, un "yo sé que lo sé", que no se puede explicar con palabras. Es una esperanza que día a día saludamos de lejos, especialmente cuando las cosas se ponen difíciles. Es una foto mental del futuro que te hace sonreír cuando nada tiene sentido. Es esa voz que te dice esto es temporal sigue peleando porque todavía no has llegado a tu destino.

¿Qué es el poder creativo de Dios?

El poder creativo de Dios es una fuerza activa y creativa manifestada por el poder de su Palabra decretada, en presencia del Espíritu Santo para traer a la existencia desde el mundo espiritual al mundo natural: algo que no era, algo que no había, algo que no se esperaba, alguien que no estaba.

¿Qué causa el poder creativo de Dios?

El poder creativo de Dios provoca un cambio de situación y de condición en el mundo conocido y en las personas que están sujetas a su Palabra para establecer orden y llenar lo que esté vacío desatando milagros creativos, prodigios, señales, maravillas y una multiplicación sobreabundante. Entendemos que para que el poder creativo de Dios opere tiene que existir caos, desorden y la presencia del Espíritu Santo, Gn1:2.

Ahora bien, Dios tiene que preparar el ambiente antes de bendecirlo para asegurarse de que solo se produzca lo que es conforme a su género, naturaleza, semilla y fruto. Dios quiere que se produzca solamente lo que es conforme a su voluntad. Por tanto, lo primero que hace es comenzar el proceso de separación del líder para embarazarlo de la visión.

Nivel 1: Separación

Génesis 1-8 Día 1, 2

Dios comienza a separar la luz de las tinieblas, el día de la noche, las aguas de las aguas (cielos, ríos y mares), los mares de la tierra.

Dios nos separa de todo lo que no trae luz, de todo lo que es tiniebla, de todo lo que no está hecho conforme a su voluntad. Nos separa de lugares, de cosas y de gente que no glorifica a Dios, que no nos llevan, ni nos ayudan a llegar al destino que Dios tiene para nosotros. Este nivel, es el "nivel de la definición", donde la separación define lo que es de lo que no es. En este nivel hay que definirse, tomar la decisión de andar en la luz, de andar en santidad en todas las áreas de la vida: la familia, el ministerio, los negocios, las finanzas y las relaciones personales.

Nivel 2: Descubrimiento

Génesis 1:9-10 Día 3

Dijo Dios: "…y descúbrase lo seco".

En este nivel descubrimos lo que ha estado oculto. Dios declaró descúbrase lo seco y lo llamó tierra. Tierra significa plataforma, fuente; en este nivel se da la manifestación de la naturaleza de géneros y de los diseños de Dios. En este nivel, la visión comienza a florecer, al declarar producción la visión hace germinar toda semilla que se ha sembrado.

Dios en el Nivel 2 declara: ¡Descúbrase tu corazón!

Dios comienza a descubrir lo que estaba oculto, los diseños que no se podían ver por causa de las tinieblas, por la falta de luz, de revelación, la falta de palabra de Dios en tu vida, por la falta del movimiento del Espíritu Santo en tu corazón, ¡Dios ahora lo descubre! Prepara tu corazón, medita en la Palabra, busca la Palabra, piensa en la Palabra y verás el poder creativo de Dios manifestado en tu vida y la visión que Dios te ha dado desatarse a niveles de gloria que no has visto antes.

El poder creativo de Dios no está sujeto a los tiempos naturales, ni al sol, ni a la luna, ni a las estrellas que son los que regulan los tiempos en la tierra. La primera orden de producción que Dios demanda, la demanda de la tierra sin que todavía existieran el sol, la luna y las estrellas ya que las lumbreras se crearon en el día cuarto (4).

El sol, la luna y las estrellas controlan la vida, el clima, los tiempos, la atmósfera de la tierra. El sol es la mayor fuente electromagnética de la tierra y de este depende casi todo tipo de vida terrestre por medio de fotosíntesis. Por tanto, cuando Dios dijo "produzca la tierra" alteró el orden de producción como lo conocemos hoy. Las plantas necesitan del sol para vivir, sin embargo Dios no crea el sol hasta el cuarto día.

¿Quién hacía posible el día antes del cuarto día? ¿Por qué era necesario crear el sol si ya existía el día?

Crear la luna y las estrellas tenía sentido puesto que nos permiten orientarnos en la noche obscura, pero ¿por qué crear el sol si ya existía el día?

Apocalipsis 21:23

23La ciudad no tiene necesidad de sol ni de luna que brillen en ella; porque la Gloria de Dios la ilumina, y el Cordero es su lumbrera.

Apocalipsis 22:5

> *5 No habrá allí más noche; y no tienen necesidad de luz de lámpara, ni de luz del sol, porque Dios el Señor los iluminará; y reinarán por los siglos de los siglos.*

Estos pasajes revelan que la GLORIA de Dios presente en la creación era la luz que hacia el día posible antes de la creación del Sol. Por tanto, entendemos que la visión viene a alterar el orden de las cosas, la visión hace que el verdadero propósito de Dios se manifieste. Toda visión Cristocéntrica revelada por el Espíritu Santo tendrá cumplimiento. La gloria de Dios y Cristo estaban presentes en la creación. Cristo es el Arquitecto de esta y, por tanto, de toda visión del reino. La gloria de Dios era suficiente al inicio de la creación de la tierra para manifestar luz para el día y crear de ella las lumbreras. Dios creó el sol y la luna porque necesitaba fuentes de energía alternas, ya que llegado el tiempo Él se retiraría nuevamente a los cielos, especialmente después de la creación del hombre, quien fue creado con un potencial de pecar, pero también de crear y hacer que su visión en la tierra se cumpla.

Génesis 1:11 Dios da la orden a la tierra. ¡Produzca la tierra!

Dios te puede dar una visión única, específica para tu vida personal, tu iglesia, tu familia, tu negocio. Dios puede hacer que produzcas ahora por el poder de su Palabra, sin importar el día, la hora, la estación del año, el nivel académico, la capacidad, la edad. En este año, ahora mismo mientras lees este libro, como en el tercer día de la creación la orden de Dios para que produzcas viene por la palabra que activa el poder creativo de Dios en tu vida.

Los enemigos de la visión

¿Cuáles son los enemigos de la visión?

La visión de Dios siempre tendrá enemigos por todas partes. Aquellos que no quieren comprometerse, aquellos que no quieren crecer, aquellos que no le permiten a nadie formarles o intervenir en sus vidas. Aquellos para quienes su propia opinión es su dios, y dicen constantemente: "Solo Dios puede juzgarme". Yo he entendido y he declarado en nuestro ministerio que nadie, ni siquiera yo mismo estoy por encima de la visión de Dios. Hemos tenido que dejar ir a muchos en estos años de ministerio y de ardua labor; muchos, a quienes agradezco con todo el corazón su inversión en mi vida, llamamiento y ministerio. Sin embargo, los he tenido que dejar ir por oponerse en alguna manera a la visión que Dios nos ha dado a nosotros como líderes. Comprometer la visión no es negociable, no podemos caminar de acuerdo con personas que, aunque tienen buen corazón y aman a Dios sinceramente, no son parte de este movimiento espiritual al que Dios nos ha llamado.

El líder que no define la visión no tendrá destino, no va hacia ningún lugar. Por tanto, no es extraño que muchos le sigan y sean parte de su ministerio. Me recuerda cuando Moisés salió de Egipto y llevaba todo tipo de gente. Después de todo, ¿quién no quiere ser libre y próspero? Ahora bien, cuando se comenzó a manifestar la visión de ser una nación santa muchos se rehusaron, la resistieron y como resultado murieron en el desierto sin ver la promesa. Pablo en Hechos 26 declara en el relato de su conversión "Yo no fui rebelde a la visión celestial", lo cual implica que podemos revelarnos a las visiones de Dios y que está en nosotros la libre decisión de comprometernos o no con Dios.

Es como un autobús que sale sin dirección alguna por una ciudad. Cada vez que llega a una parada todos se montan porque de alguna manera pueden pasar por el lugar que van y se les hace camino. Sin embargo en el momento que el chofer dice: "Este autobús tomará la ruta 7 hacia el norte de la ciudad solamente" les aseguro que en ese momento muchos comienzan a bajarse ya que no quieren, ni desean ir hacia el norte. Así es la visión de Dios en el momento que la declaras, muchos se van del ministerio. Aquellos, que estaban por lo bonito del edificio, lo hermoso de la alabanza, y aun la frescura del Espíritu Santo lo dejan todo porque no están de acuerdo con la visión, con la manera que opera la iglesia. Pastor, líder de ministerio, hermana, hermano ten paz cuando la gente te deje. Es necesario para que se defina quiénes son los que Dios ha decretado para llevar la visión que Dios te ha dado.

Existen cuatro (4) ciclos peligrosos que son enemigos de la visión que todo ungido tiene que romper para tener éxito en la visión que le ha sido encomendada:

1. El cansancio

Los visionarios son apasionados, persiguen lo que creen con una tenacidad sin igual. Sin embargo, al mismo tiempo esta fortaleza se convierte en su debilidad. Ya que por causa de servir en la obra del

Señor con excelencia descuidan la comunión con el Dios de la obra. No pasan tiempo en su presencia y el desgaste poco a poco va lacerando y destruyendo lo mismo que aman y que les ha tomado tanto tiempo construir. Un líder cansado y agotado es presa fácil del enemigo, de sus propias emociones y de las circunstancias que le rodean. Un líder agotado puede destruir en un día lo que le ha tomado años construir y puede atentar aun contra su propia vida o poner en peligro la vida de otros. Muchos líderes agotados tienen accidentes inexplicables por causa de su incapacidad para coordinar bien físicamente. Cuide su cuerpo, practique este principio poderoso que Dios nos ha dado "la unción no puede ir, donde el cuerpo no puede estar".

Génesis 2:3

> *Y bendijo Dios al día séptimo, y lo santificó, porque en él reposó de toda la obra que había hecho en la creación.*

Si está cansado mientras lee este libro, deténgase ahora mismo y descanse. Rompa el ciclo del cansancio antes que sea demasiado tarde y el precio de no descansar sea más alto que el de descansar por un momento. Ya que al descansar por un momento, algo se dejará de hacer, alguna llamada no se hará, o no se responderá, a alguien no se le visitará. Pero si no descansas, todo eso y más se dejará de hacer porque tú como líder has dejado de ser, de estar con Jesús en el lugar secreto.

Juan 15:5

> *Yo soy la vid, vosotros los pámpanos; el que permanece en mí, y yo en él, éste lleva mucho fruto; porque separados de mí nada podéis hacer.*

2. Las finanzas

Muchas visiones poderosas de Dios no se han cumplido por falta de financiamiento. Muchos ministerios ungidos han tenido que cerrar sus puertas por causa de un mal manejo financiero. Muchos hombres y mujeres llenos del Espíritu Santo han tenido que cerrar sus ministerios por no saber manejar las finanzas con sabiduría. Se han visto involucrados en escándalos por causa del pecado y la apariencia de pecado en el manejo los fondos. La falta de integridad en la vida financiera de los líderes está socavando el éxito financiero de las visiones de Dios para este tiempo. Tenemos líderes, pastores, evangelistas, maestros, apóstoles y profetas que no viven lo que predican en el área de las finanzas. Líderes que ponen sobre el pueblo una carga que ellos mismos no quieren llevar como decía Jesús.

Por otro lado, las deudas no han dejado a muchos líderes llamados por Dios salir al ministerio. Ellos y ellas reciben la Palabra, responden, "Heme aquí, Señor"; pero cuando llegan a casa y ven sus finanzas y las responsabilidades adquiridas con el paso de los años no les queda más opción que posponer su sueño de cumplir la voluntad de Dios para sus vidas y seguir pagando sus cuentas.

Proverbios 21:20

> *Tesoro precioso y aceite hay en la casa del sabio; Mas el hombre insensato todo lo disipa.*

Si mientras lees este libro encuentras que esta es tu situación, que tienes un llamamiento claro y definido; pero por causa de las finanzas no has podido responder en obediencia; ¡detente! Ahora mismo ora por un rompimiento financiero y rompe el ciclo de la pobreza, la escasez y la ruina en tu vida. Toma acción, haz un plan financiero para salir de deudas. Busca ayuda profesional si es necesario, pero no te detengas, ni te conformes con tu realidad financiera porque Dios mismo está esperando por ti para respaldarte. Diezma, ofrenda, da tus primicias a tu Dios y te digo que si creyeres verás la gloria de Dios.

3. El éxito

El trabajo inteligente, duro y abnegado nos lleva inevitablemente a tener éxito. No conozco a un líder que no quiera ser exitoso en su ministerio u organización. El deseo de triunfar y ser exitoso es bueno ya que Dios nos creó para tener éxito, para gobernar y sobre todas las cosas para amar y ser amados. Sin embargo, cuando el éxito llega también es probado el corazón que lo ha buscado. El éxito ministerial, laboral o empresarial puede desviarnos del propósito original si no seguimos los pasos de Jesús. Vemos en los evangelios que siempre que le querían hacer rey se apartaba a un lugar desierto y allí oraba y buscaba al Padre.

Aquellos que se mantienen en el lugar secreto y sujetos al Rey de reyes no caerán jamás; puesto que solo de una constante comunión con Dios nace la revelación de que todo lo que somos, y seremos está escondido en Cristo Jesús. El libro de Proverbios declara "Al hombre lo prueba la boca que lo alaba". Renunciemos al ego, a los sueños y agendas personales que compiten con la agenda y la visión de Dios para nuestras vidas. Entreguemos a Jesús nuestras coronas, nuestros sueños, y muramos al "yo". Entonces, y solo entonces, estaremos listos para romper este poderoso ciclo que ha destruido a muchos. Aquellos, que sin darse cuenta —y muchas veces conscientemente— olvidan que lo que somos y lo que tenemos lo hemos recibido por gracia y por causa de la unción estarán condenados al fracaso. Es sumamente necesario que nos cuidemos de este poderoso enemigo.

Deuteronomio 6:10-12

10 Cuando Jehová tu Dios te haya introducido en la tierra que juró a tus padres Abraham, Isaac y Jacob que te daría, en ciudades grandes y buenas que tú no edificaste, 11 y casas llenas de todo bien, que tú no llenaste, y cisternas cavadas que tú no cavaste, viñas y olivares que no plantaste, y luego que comas y te sacies, 12 cuídate de no olvidarte de Jehová.

4. La moral

No son un secreto para nadie los escándalos morales que está viviendo la iglesia en estos últimos tiempos. Esta maldición está azotando la iglesia en todas las partes y en todas las denominaciones de la tierra. Hombres y mujeres de Dios han perdido toda una vida de trabajo y dedicación por causa de los escándalos sexuales, por causa de la fornicación, la inmundicia, la lascivia, la sed de poder y el amor al dinero. Nadie está exento de caer en las redes de los deseos sexuales fuera del matrimonio, y de la corrupción operante en nuestros medio en este tiempo. Matrimonios desgastados, que han perdido la vibra que los mantenía enamorados son el ambiente perfecto para entrar en este siniestro ciclo. La falta de comunicación y la constante ausencia del esposo o de la esposa en casa son el caldo de cultivo perfecto para este pecado. Irónicamente, la ausencia muchas veces es patentada por causa del ministerio y de las responsabilidades que surgen del liderazgo, entre otras. Son situaciones que han llevado a muchos a la destrucción. Oro, para que nadie halle gracia delante de tus ojos más que tu esposa. Oro, para que nadie halle gracia delante de tus ojos, mujer, más que tu esposo. Cuida tu casa, controla tu espíritu y podrás gobernar la iglesia de Cristo y tu ciudad.

Proverbios 16:32

Mejor es el que tarda en airarse que el fuerte; y el que se enseñorea de su espíritu, que el que toma una ciudad.

Proverbios 6:32

Mas el que comete adulterio es falto de entendimiento; corrompe su alma el que tal hace.

Ámense el uno al otro, resuelvan las diferencias, remuevan los obstáculos que los están alejando, tengan esa plática que no se han atrevido a tener por no herirse el uno al otro. Después de todo, nada duele más que el adulterio y la traición de la confianza que es tan difícil de restaurar después que se ha roto. Sí, yo creo que Dios tiene el poder para restaurar todo, pero también creo que es más fácil y necesario hacer lo primero sin dejar de creer en lo último. Protéjase del adulterio cumpliendo sus deberes conyugales. Luego, júntense en uno nuevamente para que no los tiente Satanás a causa de vuestra incontinencia. Toda iglesia debe contar con un sistema de corrección moral para evitar la destrucción del ministerio y de sus líderes. Yo les propongo un sistema sencillo y fácil de implantar que lo verán más adelante en los próximos capítulos.

Los valores del líder gubernamental del siglo 21

Dios me ha llamado a formar generaciones de líderes radicales, transformadores de vidas y tomadores de ciudades que hagan avanzar el reino con fuerza por las casas, las comunidades y las naciones. Creo con todo el corazón que Dios busca que operemos en el Espíritu y tengamos acceso a todos los dones que el Espíritu Santo reparte en su sola potestad. Sin embargo, también creo que es necesario que cada creyente camine en un balance entre los dones y los frutos del Espíritu. Ya que con los frutos del Espíritu se forja y se nutre el carácter, lo que somos interiormente, lo que somos en privado cuando nadie nos está mirando.

Los valores son los pilares del carácter, la suma de nuestros valores y de nuestra moral forman el carácter de un individuo. Cabe aclarar, que un valor no es un valor en sí mismo a menos que sea probado por las circunstancias. Nuestra moral, la capacidad de decidir entre lo bueno y lo malo es puesta a prueba por las situaciones de la vida. Cuando permanecemos firmes, entonces el aspecto de nuestra moral que ha sido probado se convierte en un valor. Por ejemplo, alguien tiene la formación moral de no vender su cuerpo o robar. Sus padres, quienes le enseñaron dichos valores, fueron probados en esta área y para ellos es ciertamente un valor; pero para sus hijos aun no, ya que no han sido probados por ser pequeños aún. Un buen día los hijos se casan y entran en necesidades financieras de vida o muerte. Ese día la presión de las circunstancias que atraviesan comienza a poner presión sobre la moral enseñada por sus padres. ¿Qué harán al ver a sus hijos en necesidad? ¿robar? ¿vender sus cuerpos? Lo que hagan determinará el no robar y el no vender sus cuerpos como valores en sus vidas. Después de dicha experiencia, ellos podrán decir y enseñar a sus hijos como lo hicieron sus padres. Hijos míos, no robarán y no venderán sus cuerpos pase lo que pase.

Los valores que estoy a punto de compartir han sido cuidadosamente escogidos ya que no he querido seleccionar ningún valor que no sea parte de mi vida. He leído cientos de libros de liderazgo que mencionan muchos valores y me pregunto si el autor los vive, si son viables, si son practicables. Los doce valores que verán a continuación los ha formado Dios en mi vida en el fuego de la prueba del ministerio, mientras planto iglesias y en la vida personal.

1. **Amar a Dios.**

Una de las palabras más usadas por la humanidad es la palabra "amor". Desde que nacemos nos instruyen, consciente o inconscientemente, en el significado de este término. Con el tiempo, nos vamos creando una expectativa de lo que es el verdadero amor. Lo peligroso es que mucha gente y los medios de comunicación influyen en la percepción de lo que verdaderamente significa esta palabra. A los 15 años, nos creemos que el amor es la llegada del famoso príncipe azul que Hollywood nos ha vendido por décadas. Las maripositas en la barriga, el corazón que late aceleradamente, las rosas rojas, el beso bajo la lluvia, etc. Todo está muy bien hasta que el príncipe se convierte en ogro, las mariposas en avispas que con sus picadas te despiertan del sueño; y el corazón acelerado y palpitante se rompe en dos por una decepción. Después de esto, el concepto amor cambia para algunos; mientras que otros nunca aprenden.

Cuando maduramos, amamos diferente, buscamos quien nos ame apasionadamente, alguien que no nos traicione, que no nos abuse y que nos ayude a cumplir las metas de la vida. Alguien que nos respete y nos admire por lo que somos y no por lo que pretenda que seamos. Que sea buen padre, buena madre, compañera, un ente solidario y, sobre todas las cosas, confiable. Alguien, dispuesto a pasar la vida a nuestro lado. Esta descripción es lo más cerca que tenemos del amor verdadero que el ser humano puede a llegar a experimentar en la vida. Ahora, les hablaré de un amor más excelente, el amor de Dios. Dios, desde el tiempo antiguo ha definido lo que es el verdadero amor, lo confirmó hace 2000 años entregando a su único hijo Jesús por nosotros en la cruz del Calvario:

Juan 3:16

> Porque de tal manera amó Dios al mundo, **que ha dado** a su Hijo unigénito, para que todo aquel que en Él cree, no se pierda, mas tenga vida eterna.

Esta acción de Dios redefine el significado de la palabra amor como algo más que un sentimiento, lo define como una acción, la acción de "dar". Por tanto, cuando decimos que amamos a Dios, estamos diciendo que no solamente lo sentimos en el corazón o en el espíritu. Lo demostramos con acciones prácticas, tangibles y visibles: amando a Dios con todo el corazón, con toda el alma y con todas las fuerzas.

Una ilustración personal del amor a Dios en mi vida ocurrió durante mis primeros años de ministerio. Como ya vieron en mi testimonio personal, comencé a pastorear con solo cuatro meses de convertido. Me sentía amado por Dios, y respetado por los hombres. El respaldo de Dios era evidente por los resultados obtenidos al plantar iglesias de una manera acelerada. Tenía esposa, la iglesia crecía y se multiplicaba mientras el Señor añadía cada día los que debían ser salvos. Plantamos la primera iglesia y nos enviaron a plantar la segunda. Esta vez a tiempo completo con mayor honra y logros ministeriales.

Entonces, sucede lo inesperado, mi primera esposa Yanet fue arrebatada de mi lado por un terrible accidente automovilístico que le quitó la vida. Una prueba que, sin duda, puso a prueba mi amor por Dios y mi fidelidad al llamamiento pastoral. En todo esto no culpé a

Dios, sabía que Él me amaba y que estaba conmigo llorando como lo hizo delante de la tumba de Lázaro. En su amor me dijo: "Hijo, no busques a tu esposa en el pasado, ella está en tu futuro conmigo. Sigue adelante, sé fiel en todo y la encontrarás otra vez y esta vez para siempre".

Lo resumo en una sola frase "Amé a Dios en el momento más negro y amargo de mi vida" y lo continúo amando hoy. Amo a Dios y fuera de Él nada deseo en esta tierra, a nadie tengo en el cielo, sino a él. Hoy, lo primero en mi vida es la visión de Dios, el celo por llenar toda la tierra de iglesias del reino que formen discípulos, me consume. Por eso te digo amado hermano, siervo, sierva y amigo. Amar a Dios es más que un sentimiento, es acción respaldada con la convicción de que Dios existe y de que es real.

2. Amar al pueblo

Hace unos años tuve una visión de noche, en ella un ángel del Señor me mostraba el avance del reino en el territorio. Cuando miré hacia el piso, lo que estaba debajo de mis pies no era tierra; eran corazones que se extendían delante de mis ojos hasta ya no alcanzar a ver. Entonces, el ángel me dijo que el reino de Dios se expande cada vez que un alma entrega su corazón y recibe a Cristo. Con un corazón a la vez, el territorio del Rey Jesús se va extendiendo. Esta visión revela la importancia del amor al pueblo y el entendimiento de que el reino de Dios es un reino de relaciones personales. Cristo viene por su iglesia, no por un ungido en su casa que no se congrega y dice que ama a Dios.

Los corazones de los hombres representan al pueblo. Los líderes de hoy que no entienden esta revelación jamás tendrán un ministerio relevante. El reino de Dios es un reino de relaciones personales como dije anteriormente. A esta tierra vinimos sin nada y, sin duda, nada podremos llevarnos. Los recursos más importantes del reino son los recursos humanos. Por tanto, una muestra de amor grande a nuestro Señor es llevar a sus pies lo que el más ama, las almas. ¿Qué le podemos dar al Rey de toda la tierra? ¿Oro, plata, posesiones? Solo una cosa le podemos ofrecer que mueva su corazón y dibuje una sonrisa en su rostro: primero, nuestra propia alma; y segundo, las almas de los otros alcanzadas en su Nombre y por el poder del Espíritu Santo.

Amando al pueblo amamos a Dios ya que todos estamos hechos a su imagen y semejanza. Pablo declara

2 Corintios 12:15

Y yo con el mayor placer gastaré lo mío, y aun yo mismo me gastaré del todo por amor de vuestras almas, aunque amándoos más, sea amado menos.

Este valor no es fácil de practicar porque constantemente somos vituperados, calumniados, tenidos en poco. Somos olvidados por aquellos a quienes hemos servido, atacados por aquellos en quienes hemos invertido más tiempo, etc. Por eso, el apóstol decía: "aunque amándoos más sea yo amado menos". Todo líder que espera recibir más amor del pueblo del que da, siempre estará quejándose delante de Dios y demandando honra y atenciones de aquellos que Dios les ha enviado a amar. El apóstol creía en esta verdad, por eso lo enseña a su discípulo Timoteo.

1 Timoteo 6:2

Y los que tienen amos creyentes, no los tengan en menos por ser hermanos, sino sírvanles mejor, por cuanto son creyentes y amados los que se benefician de su buen servicio. Esto enseña y exhorta.

Amar al pueblo es un valor en mi vida, siempre busco servirles, dar lo que tengo y lo que no por verles progresar en Cristo y en su vida personal. Sirvo a Dios a tiempo y fuera de tiempo, he sacrificado a mi familia, pues mi hijita no tiene a su papi todo el tiempo que ella necesita y desea. Todo por amor al pueblo. A veces me preguntan si valdrá la pena tanto sacrificio. Respondo que el tiempo es corto, la necesidad apremiante, ¿cuánto vale un alma? ¿cuánto vale un pecador que se arrepiente y se vuelve de sus malos caminos? En cuanto a mí, estoy decido a predicar el evangelio, a amar y servir al pueblo y como dijera el apóstol Pablo "Hay de mí, si no lo hago".

3. Obediencia

El mejor lugar para estar en la vida es bajo autoridad. El lugar de mayor potencial de éxito para la realización de tu ministerio y la visión que Dios te ha dado es bajo autoridad. Mas la gente anda buscando poder en lugar de sumisión, la gente anda buscando ser alguien delante de los hombres y no delante de Dios. El reino de Dios nos llama a hacer la diferencia, hacer algo que cambie nuestra realidad. El secreto del éxito está en encontrar la autoridad que Dios ha establecido en la tierra para tu vida y someterte a ella. Hablo de un hombre o una mujer de gobierno que te forme, invierta en tu vida, te imparta dones, gracia y unción. Un mentor, un padre espiritual que te corrija y te dé dirección, doctrina y te ayude a formar tu carácter.

Obediencia:

- Cumplimiento de la voluntad de la persona que manda, de lo que establece una norma o de lo que ordena la ley.

- Tendencia de una persona a cumplir lo que se le manda.

- Aceptación de la ley y de la voluntad establecida por Dios.

Es imposible conquistar ciudades, comunidades y territorios para Cristo sin este valor. Primero debemos tener el entendimiento de la obediencia que Dios demanda a sus mandamientos, preceptos y estatutos. La Ley de Dios fue dada a los hombres para ser obedecida. No hay falta de valor que destruya más rápido una nación que la desobediencia. Los libros del Antiguo Testamento nos instruyen acerca de los resultados de no obedecer a Dios y a sus líderes. Donde no hay obediencia habrá juicio.

Moisés entrenó al pueblo de Israel en obedecer a Dios y seguir el liderazgo de aquellos que Dios escogía. Esto costó vidas, posesiones y muchas lágrimas; pero, para el momento de su muerte, ellos estaban listos. Veamos esta historia

Josué 1:16-18

16 Entonces respondieron a Josué, diciendo: Nosotros haremos todas las cosas que nos has mandado, e iremos adondequiera que nos mandes. 17 De la manera que obedecimos a Moisés en todas las cosas, así te obedeceremos a ti; solamente que Jehová tu Dios esté contigo, como estuvo con Moisés.18 Cualquiera que fuere rebelde a tu mandamiento, y no obedeciere a tus palabras en todas las cosas que le mandes, que muera; solamente que te esfuerces y seas valiente.

Este es el principio de transferencia de liderazgo de un líder a otro, para continuar la visión de Dios y que esta se cumpla. Josué había relevado a Moisés después de su muerte, y el pueblo respondió en obediencia haciendo una sola petición como condición de su sometimiento.

- Nosotros haremos todas las cosas que nos has mandado, e iremos adondequiera que nos mandes.

- De la manera que obedecimos a Moisés en todas las cosas, así te obedeceremos a ti.

- Solamente que Jehová tu Dios esté contigo, como estuvo con Moisés.

Como vemos el pueblo solo pedía que Josué estuviera respaldado por Dios. Este principio es de vital importancia, la gente solo te obedecerá si Dios te respalda. No hay que forzar las cosas y muchos menos a la gente; en mi experiencia cuando un líder no logra que el pueblo le responda y obedezca generalmente hay cuatro áreas de crecimiento que tiene que trabajar.

- Necesita crecer en su liderazgo y aprender principios como los encontrados en este libro. Los pastores de hoy son entrenados en los seminarios para ser teólogos, pero no líderes y, como consecuencia, experimentan mucha oposición en sus iglesias.

- Está fuera de tiempo en su llamamiento, se adelanta a la voluntad de Dios para su vida, no esperan ser enviados por alguien y deciden enviarse solos.

- A causa de la pasión y el deseo de verse ellos mismos en acción; violan el principio de autoridad delegada y el de caminar sometidos a una autoridad mayor en la tierra.

- Están realizando una tarea más grande que su nivel de influencia, madurez, carácter y dones.

Sea obediente a Dios y la gente lo obedecerá a usted. Ya que el respaldo de Dios viene solamente sobre aquellos que le aman, le honran y caminan bajo autoridad como lo hizo Jesús.

1 Samuel 2:30

> *Mas ahora ha dicho Jehová: Nunca yo tal haga, porque yo honraré a los que me honran, y los que me desprecian serán tenidos en poco.*

4. Integridad

Este valor tan relacionado con la honradez y la rectitud en la conducta es un valor escaso en estos tiempos. La capacidad de ser lo mismo en privado y en público separa a los íntegros de los que no los son. Es la conexión en la cual lo que piensas, lo que hablas y lo que dices es la misma cosa. La iglesia de Dios clama por hombres y mujeres íntegros de corazón que pueden cambiar al mundo.

Josué 24:14

> *Ahora, pues, temed a Jehová, y servidle con integridad y en verdad.*

5. Pasión

La **pasión** es una emoción definida como un sentimiento muy fuerte hacia una persona, tema, idea u objeto. Así, pues, la pasión es una emoción intensa que engloba el entusiasmo o deseo por algo.

Yo me considero a mí mismo un hombre apasionado en todo lo que hago para el Señor. No hay nada más triste que un hombre sin pasión, sin deseo por la vida. Creo que hasta para ser un buen pecador hay que tener pasión, hay gente que antes de Cristo no tenía pasión por la vida y, al no dejarse transformar por el Espíritu Santo, siguen sin pasión hoy. El pecado mata, y la Palabra de Dios habla de las pasiones de la carne como la causa primordial que nos impide entrar al cielo. En mi experiencia he visto en los pecadores apasionados que cuando Cristo los salva se convierten en hijos de Dios apasionados. Encuentran en Cristo la más grande de las pasiones. Recuerdo que cuando estaba en el mundo tenía amigos que llegaban al baile, y no se divertían para nada, les dabas bebida y nada, contabas un chiste y nada; les buscabas una novia y nada. La noche podía estar a lo máximo de su furor pecaminoso y ellos apáticos a todo y les aseguro que no era por santidad, puesto que éramos mentirosos, adúlteros, fornicarios, blasfemos, sin afecto natural etc.

Por eso hoy, me niego a no ser apasionado; sobre todo ahora que ando en la verdad y en la luz. Ahora, que he descubierto el verdadero sentido de la vida en Cristo. Soy un guerrero apasionado, porque Dios es digno de recibir mi pasión; ya que él busca líderes en los que haya espíritu para delegar sus sueños y visiones.

Números 27:18

Y Jehová dijo a Moisés: Toma a Josué hijo de Nun, varón en el cual hay espíritu, y pondrás tu mano sobre él.

Josué era un hombre apasionado lleno de espíritu y por eso Dios lo escogió para guiar al pueblo a la tierra prometida que era la visión original de Dios. La visión es la gasolina de la pasión que se aviva en el "Lugar Secreto".

Veamos que significa la palabra fidelidad y por qué la consideramos un valor.

6. Fidelidad

- Firmeza y constancia en los afectos, ideas y obligaciones.

- Exactitud o conformidad con la veracidad de los hechos

- Precisión en la ejecución de una cosa.

La falta de firmeza, de constancia, de carácter y el no cumplir con las obligaciones contraídas con Dios, su iglesia y sus líderes son un obstáculo para el avance del reino de Dios. Con mucha facilidad, vemos a muchos apostatando de la fe. Dejan a Cristo y el servicio a Dios por cualquier razón: tribulación, problema familiar u ofensa en la casa de Dios. Es triste ver que la gente no entiende que el evangelio es un evangelio de fidelidad. Fidelidad de Dios al entregarnos su Hijo Jesús; y fidelidad del hombre al buscar a Dios y guardar sus mandamientos.

Bien decía el salmista:

Salmos 89:1

> *Las misericordias de Jehová cantaré perpetuamente; De generación en generación haré notoria tu fidelidad con mi boca.*

La falta de fidelidad a Dios con la boca se ve cuando no le alabamos en medio del problema. Al murmurar, cuando algo no sale como lo esperábamos; y nuestra alabanza se convierte en quejabanza. Cuando reclamamos por promesas no cumplidas, olvidando que la prosperidad, la sanidad, la paz y tantos otros beneficios son temporales; olvidando que es imposible no pasar por tribulaciones y problemas en esta vida. Cuando la gente deja a Dios por un problema personal, revela su falta de fidelidad. Y entonces, su problema se convertirá en su dios y los problemas irán escalando al punto que es casi imposible regresar a sus caminos. No seamos ofendidos fácilmente, permanezcamos firmes; pues no ha nacido el hombre, ni la mujer que tenga el poder de apartarnos de un ministerio y mucho menos de la casa de Dios. Si lo haces, al mismo tiempo estás haciendo a ese hombre o mujer tu dios; ya que su poder para herirte y ofenderte fue más grande en tu corazón, que tu perseverancia y fidelidad para permanecer en la casa de tu Dios.

Salmos 40:10

> *No encubrí tu justicia dentro de mi corazón; He publicado tu fidelidad y tu salvación; No oculté tu misericordia y tu verdad en grande asamblea.*

7. Honra

- Buena reputación que tiene una persona que actúa conforme a las normas morales.

- Manifestación de respeto, admiración y estima hacia una persona.

- Honor.

Donde no hay honra habrá deshonra, falta de respeto, de admiración y de honor. Dios enseña la honra a Él primeramente, la honra a los padres naturales y la honra a los padres espirituales: pastores, apóstoles, profetas, maestros y evangelistas. Una iglesia donde no hay honra, se morderán unos a otros como decía Pablo, lo cual es una muestra de carnalidad y falta de espiritualidad en el cuerpo.

Entendemos que la honra se practica con palabras, con servicio y con finanzas. Cuando honramos a alguien, le decimos cuanto le amamos y lo importante que es en nuestra vida. En el momento que dejamos todo para mostrar amor a una persona, y a Dios mismo sirviéndole, le estamos honrando. Y en la medida de nuestras capacidades, cuando nos acordamos de aquellos a quienes debemos honrar, y los bendecimos con nuestras finanzas les estamos honrando.

1 Crónicas 16:29

Dad a Jehová la honra debida a su nombre; traed ofrenda, y venid delante de él; postraos delante de Jehová en la hermosura de la santidad.

En cuanto a los **padres** dice Dios:

Mateo 15:4

Porque Dios mandó diciendo: Honra a tu padre y a tu madre.

Sobre honrar a los **hombres** de Dios dice:

Hechos 28:9-10

9 Hecho esto, también los otros que en la isla tenían enfermedades, venían, y eran sanados; 10 los cuales también nos honraron con muchas atenciones; y cuando zarpamos, nos cargaron de las cosas necesarias.

Y con respecto a todos los **hombres** sin importar su condición, dice:

Romanos 13:7

> *Pagad a todos lo que debéis: al que tributo, tributo; al que impuesto, impuesto; al que respeto, respeto; al que honra, honra.*

Dondequiera que haya honra, habrá obediencia; del mismo modo, donde haya rebeldía y desobediencia, no se practicará la honra como un valor. Yo amo, honro y sirvo a mi padre espiritual Eliseo Mejía siempre que tengo la oportunidad. Fue y es un hombre clave en mi vida para lograr mi destino en Dios. Al hacerlo, me he acercado a su corazón de una manera especial. Ya que tengo, practico, enseño y vivo un principio que dice: "La honra acerca y la deshonra aleja" todo lo que honres se acercará a ti, pero todo lo que deshonres inevitablemente se alejará de ti. Ahora bien, creemos y entendemos que la persona más digna de honra en nuestra vida es nuestro Señor Jesucristo.

Juan 5:23

> *para que todos honren al Hijo como honran al Padre. El que no honra al Hijo, no honra al Padre que le envió.*

8. Desarrollo

- Aumentar el tamaño del organismo de un ser vivo.

- Aumentar la cantidad, el tamaño o la importancia de algo.

Crecer es un valor que tomo muy en serio en mi vida personal. Hace mucho tiempo aprendí un principio muy poderoso de John Maxwell: "Para mantenerse dirigiendo hay que mantenerse aprendiendo". Creo que todo lo que tiene vida crece, todo lo gobernado por Dios crece, se multiplica y hace crecer a otros. Yo estoy comprometido a no dejar de aprender nunca. Por eso busco toda oportunidad para aprender de todos y de todo.

Recuerdo cuando me gradué como Doctor en Medicina Veterinaria con solo 23 años en la Habana, Cuba, qué gozo, qué victoria. En realidad, desde que tengo uso de razón he estado aprendiendo y estudiando en escuelas formales e informales. Al llegar a los Estados Unidos, continué mis estudios y terminé mi Maestría en Divinidad en United Theological

Seminary, Dayton, Ohio. Además me gradué de una segunda maestría, esta vez en Liderazgo de Lindsey Wilson Collage. En unos meses, Luego, comenzaré mi doctorado en ministerio para la gloria y honra de Dios.

Como pueden ver, no es vanagloria, es el resultado de considerar que el crecer es un valor de vida. Esto lo aprendí de mi madre Loyda Alfonso, quien la conoce sabe que ella no ha dejado de aprender aunque comenzó a estudiar tarde, a los diez años, mucho antes del triunfo de la revolución cubana. Sin embargo, su deseo de crecer la llevó a estudiar sin descanso y terminó todos sus grados hasta finalmente graduarse de enfermera graduada. Y eso no basta, hoy tiene 65 años, y está en la escuela otra vez aprendiendo inglés. A cuanto curso, escuela y entrenamiento exista ella quiere ir. No en vano me trasmitió ese valor, que también vivió el apóstol Pablo. Estaba a punto de ser sacrificado y así testificar con su vida; y no dejaba de aprender:

2 Timoteo 4:13

Trae, cuando vengas, el capote que dejé en Troas en casa de Carpo, y los libros, mayormente los pergaminos.

- Este hombre está a punto de ser sacrificado y le solicita a su hijo en la fe Timoteo, que le traiga sus libros y pergaminos. Por causa de este valor, constantemente reto a mis hijos espirituales a crecer en Cristo: en sabiduría, en fe, en estilo de vida, en la familia y en las finanzas. El que no estudió es retado a ir a la escuela. La ignorancia no es de Dios; de hecho Dios se queja de que su pueblo perece porque le faltó conocimiento. La ignorancia voluntaria es la que Dios condena; hay gente que tuvo que criar hijos, hermanos; gente que sencillamente no tenía los medios para estudiar. A ellos, Dios les perdona, no les exige y en su misericordia los abraza y usa con poder. Ahora bien, si tienes la oportunidad de aprender e ir a la escuela, hazlo. Te reto a buscar fuerzas en Dios y buscar crecer; Dios es sabio y quiere que sus hijos lo sean también.

9. Disponibilidad

- Situación de la persona o cosa que está preparada para un fin.

- Cantidad de dinero o de bienes que se tienen para gastar o usar en un momento determinado.

El valor de la disponibilidad está en demanda en la iglesia hoy, especialmente en la Iglesia de Cristo en los Estados Unidos, donde encontramos iglesias pequeñas, sin líderes o con líderes sin compromiso, con gente que no está disponible para buscar a Dios, para orar, para ayunar y evangelizar, etc. Encuentro que es difícil contar con gente en estos días. Especialmente con aquellos que tiene muchos dones; pero siempre están ocupados en algo más de modo que no puedes contar con ellos. La disponibilidad es un pilar del carácter. Por eso todo ministerio o iglesia que Dios me permite comenzar está fundamentado en el carácter. Estoy cansado de delegar cosas santas, consagradas a Dios a gente con dones y capacidades para realizarlas, pero que al final dejan todo tirado por falta de disponibilidad.

Ellos, muchas veces, critican la iglesia, al ver a alguien que no tiene la mitad de sus dones y capacidades al frente ministrando para Dios. Con frecuencia se burlan y se deleitan hablando de cuanto saben de la Biblia y del ministerio. Todo ese conocimiento es en vano; puesto que el pastor sabe que no puede contar con ellos. Es imposible levantar un ministerio contando con personas que no están disponibles. Amado pastor, líder, no te desanimes, la gracia de Dios se activa con el compromiso; y esos humildes siervos que se disponen a servir terminan siendo más usados por Dios que los que están equipados; pero no se disponen.

Recuerdo que cuando comenzamos a plantar la Iglesia Fuente de Avivamiento no había grupo de alabanza. Sí había músicos que sabían tocar muy bien; pero no estaban disponibles para ensayar, y menos para comprometerse a adorar a Dios cada domingo. Entonces, Sergio Zamora, nuestro líder de alabanza en ese tiempo, y yo nos pusimos en oración y preguntamos quién estaba disponible para ser parte del grupo de alabanza. Sergio, a quien recuerdo con todo el corazón y con mucho respeto, explicó las reglas. Tenían que estar disponibles no solo los domingos, sino también en los ensayos. La gente comenzó a levantar la mano; y nosotros a preguntar: ¿sabes tocar algún instrumento? Ellos dijeron que no, pero que les gustaría aprender y que se comprometían a estar allí. Ese día nació el grupo de alabanza que tenemos hoy, se levantaron, compraron sus propios instrumentos y a tocar cada domingo. La gente se burlaba, tocaban pésimo, yo creí ver ángeles con los oídos tapados; pero presentes. Dios con su amor jamás nos dejó. Después de un tiempo, ya nadie se reía, todos adoraban y el fuego de Dios empezó a caer sobre la iglesia y no ha cesado hasta hoy. Disponibilidad, disponibilidad, todo esto ha sido posible por un pueblo que ha estado disponible.

1 Crónicas 12:33

> *De Zabulón cincuenta mil, que salían a campaña prontos para la guerra, con toda clase de armas de guerra, dispuestos a pelear sin doblez de corazón.*

Pastor, no tengas miedo de hacer el ridículo, muere a tu carne, corre riesgos, pero no sacrifiques la santidad y la disponibilidad por causa de los dones de aquellos que no se quieren comprometer. Dios te dará gente dispuesta de corazón, dispuesta a pelear a tu lado por la visión que Dios ha dado a tu iglesia. Adelante, guerrero de Dios, no temas ni desmayes, que Dios está contigo.

10. Creatividad

En los capítulos anteriores, hemos estado hablando de la creatividad y del poder creativo de Dios. Solo quiero añadir que para ministrar hoy en el siglo 21, hay que estar listo para ser flexible y responder a lo convencional con ideas creativas no convencionales; a lo tradicional, con lo contemporáneo; a los retos difíciles, con lo nuevo; y a la estadística y el estatus-quo, con nuevas estadísticas. Somos pioneros en el desarrollo de la iglesia hispana en los Estados Unidos; mucho de lo que hacemos no se ha hecho antes. Por consiguiente, nos toca registrar las nuevas estadísticas de lo que Dios nos ha mandado a hacer.

No conozco visionario que no sea creativo, Dios es creativo y nos da visiones, dones, milagros creativos, desafía lo que conocemos y siempre nos sorprende. Por ejemplo, en cuanto a la creación del hombre primero nos enseña, que el hombre nace del polvo en Génesis 1,2, como la única manera que el hombre podía ser creado. Luego, nos sigue asombrando al crear a la mujer de la costilla del hombre, como otra forma de crear; como si fuera poco luego les dice a Adán y a Eva.

Génesis 1:22

> *Y Dios los bendijo, diciendo: Fructificad y multiplicaos, y llenad las aguas en los mares, y multiplíquense las aves en la tierra.*

Ahora nos dice, quiero que de la unión del hombre y la mujer salgan más hombres y mujeres que es la forma natural de creación que conocemos hoy. Ah, pero eso no es todo, miles de años más tarde nos vuelve asombrar a todos; esta vez, crea a una persona de una mujer sin la intervención directa de un hombre. ¡Esto es demasiado! Veamos:

Lucas 1:35

> *Respondiendo el ángel, le dijo: El Espíritu Santo vendrá sobre ti, y el poder del Altísimo te cubrirá con su sombra; por lo cual también el Santo Ser que nacerá, será llamado Hijo de Dios.*

A esto le llamo ser creativo, ni los avances más grandes de la ciencia de hoy, pueden crear de esta manera, siempre se necesita la intervención del hombre y de la mujer directa o indirectamente. Dios es Dios, una vez más nos ha sorprendido con una tercera forma de crear. Entonces, busquemos a Dios en el lugar secreto; busquémosle para encontrar nuevas formas, métodos y estrategias para desarrollar el ministerio. Este libro está lleno de principios y estrategias probadas que han producido buenos resultados. Pon en prácticas las leyes, los principios y las estrategias que encuentras en este libro, y verás los resultados; lo creo porque Dios nos las ha dado. Y ha probado que son transferibles, seamos creativos.

11. Trabajo en equipo

Los tiempos de la mega estrella evangélica están pasando; más y más vemos que Dios está levantado equipos para transformar ciudades, naciones y el mundo. La Escritura respalda que el poder del equipo hizo posible que David llegará a ser rey sobre todo Israel; y que su reino se estableciera sobremanera. Un hombre o una mujer usado por Dios, se puede parar fácilmente frente a un ataque de las tinieblas. No así, cuando todo un ejército se levanta y el diablo no sabe para dónde ir, ya que en todos los lugares suceden sanidades y milagros, la gente se convierte y recibe palabra profética. No hay demonio que pueda parar un movimiento del Espíritu Santo de esa magnitud. Gente entrenada, con el ADN del reino, que honra la autoridad, que ama a Dios y al pueblo. Se necesita un pueblo dispuesto, íntegro, formado con un carácter que sostiene sus dones. El mundo está por ver lo que Dios puede hacer hoy; con un equipo como el que tenía David. Veamos,

2 Samuel 23: 8-14 Los valientes de David

> *8Estos son los nombres de los valientes que tuvo David: Joseb-basebet el tacmonita, principal de los capitanes; este era Adino el eznita, que mató a ochocientos hombres en una ocasión. 9Después de éste, Eleazar hijo de Dodo, ahohíta, uno de los tres valientes que estaban con David cuando desafiaron a los filisteos que se habían reunido allí para la batalla, y se habían alejado los hombres de Israel.10Este se levantó e hirió a los filisteos hasta que su mano se cansó, y quedó pegada su mano a la espada. Aquel día Jehová dio una gran victoria, y se volvió el pueblo en pos de él tan sólo para recoger el botín.*

En este poderoso relato, vemos todos los valores que hemos examinado hasta ahora. Vemos el valor del amor a Dios; pues David todo lo que hacía era para Jehová. Lo vemos en el verso 16, derramando el agua delante de Jehová después de un acto heroico por sus valientes. Como resultado del mismo acto valeroso, se visualiza su amor por el pueblo, su disponibilidad, la unidad del equipo, su deseo de dejarse usar por Dios y su pasión a la hora de pelear por Israel. Es notorio en este pasaje el caso de Eleazar que se levantó e hirió a los filisteos hasta que su mano se cansó, y quedó pegada a la espada.

Este equipo invencible hizo el destino de David posible bajo la dirección de Dios. Eran hombres valientes, aguerridos, creativos, íntegros y llenos de una pasión sin igual por Dios.

Sigamos viendo sus proezas,

> *11 Después de éste fue Sama, hijo de Age, ararita. Los filisteos se habían reunido en Lehi, donde había un pequeño terreno lleno de lentejas, y el pueblo había huido delante de los filisteos.12 El entonces se paró en medio de aquel terreno y lo defendió, y mató a los filisteos; y Jehová dio una gran victoria.13 Y tres de los treinta jefes descendieron y vinieron en tiempo de la siega a David en la cueva de Adulam; y el campamento de los filisteos estaba en el valle de Refaim.*

La historia de Sama es impresionante, se jugó la vida por un campo de lentejas. Bueno, eso parece a simple vista; pero la realidad es que peleaba por la gloria de Israel, y por la dignidad de su pueblo; por eso Jehová le dio la victoria. La unción y el ejemplo de Sama se necesitan hoy en el pastorado. Dios está buscando pastores aguerridos; que peleen por sus iglesias locales con la misma pasión que Sama. Te aseguro que Dios nos dará la victoria.

La mentalidad de equipo garantiza la victoria; pero al mismo tiempo es imposible formar equipos sin amar a Dios y amar al pueblo. Formar un equipo ganador lleva tiempo, necesita un líder que identifique a otros; y los entrene. Se necesita quien quiera invertir intencionalmente tiempo en la vida de otros; con un fin despersonalizado, sin interés ni lucro personal. Conozco a muchos pastores que dicen que no tienen líderes; pero en realidad lo que están diciendo es que no tienen equipo. Que están solos, que no tienen con quien compartir las cargas del ministerio, para ellos especialmente he escrito este libro; para ayudarlos a llegar a su destino y ofrecerles las herramientas para el crecimiento de sus iglesias. Ten ánimo y forma el equipo de Dios que te llevará a conquistar tu ciudad.

12. Efectividad

Efectividad no es una palabra bien recibida por muchos en los círculos evangélicos; puesto que por muchos años nadie nos ha exigido resultados. Próximamente estaremos discutiendo las áreas indispensables del líder del siglo 21. Peter Drucker, uno de los líderes que revolucionó con sus principios de liderazgo el mundo entero, nos enseñaba que efectividad es: "hacer que las cosas pasen" ahora bien, no hablamos de cualquier cosa. Hay gente muy activa y ocupada que no es efectiva. Ser efectivo es determinar lo que es el éxito y la efectividad para tu posición, ministerio u organización y hacer que estos sean posibles.

Las cinco áreas en que un líder tiene que ser efectivo que veremos más adelante, reflejan lo que significa efectividad para un pastor en la iglesia hoy. Si no eres pastor y eres un líder en la posición intermedia de la organización, sé proactivo y pregunta a tu superior qué es lo que se espera de ti, qué es lo que tu posición demanda para producir resultados. La efectividad es hermana de la proactividad, que no es más que tomar la iniciativa, e ir más allá de lo que se te pide.

Mateo 5:41

y a cualquiera que te obligue a llevar carga por una milla, ve con él dos.

Jesús, el líder más grande y efectivo de todos los tiempos, nos enseña a pagar el precio. Trabaja duro, llega temprano, llega primero, llega puntual, vete último, no escatimes en ayudar a otros, especialmente a los miembros de tu equipo. Practica estos principios y serás un líder efectivo con influencia en tu organización. Entonces, la promoción será una consecuencia y no una meta. Hay mucha gente que pierde su trabajo, por no entender este poderoso principio. Cabe enfatizar que los principios aquí discutidos aplican a cualquier esfera de la vida, dentro y fuera de la iglesia.

El líder efectivo entiende que el tiempo es oro, que es el único recurso que cuando se gasta, ya no se puede recuperar. Por eso es celoso y lo administra muy bien. Busca a Dios temprano y de mañana; porque sabe que solo él puede redimir el tiempo, para que el día rinda más. Al entregarle a Jehová las primeras horas del día, el poder redentor de Dios se activa y nos permite más enfoque, dirección y resultados. Entendemos que si no planificamos bien nuestra agenda, alguien lo hará por nosotros; si no asignamos una tarea específica para cada hora, alguien te llamará y la asignará por ti. Muchos sencillamente pierden su tiempo, haciendo nada o muy poco. Y así se van los días, las semanas, los meses y los años; sin haber podido lograr nada significativo.

En mi vida personal, este principio tiene un valor primordial; por ejemplo; al inicio me tomó tiempo y dedicación practicar este valor. Recuerdo que un día llegué a la oficina de mi padre espiritual, el Rev. Eliseo Mejía y, al mirar su computadora detenidamente, vi su organización y quedé impresionado. La mía, por el contrario, era un desorden, no podía hallar nada y procrastinaba todas las tareas. Fue allí, cuando me propuse organizar mi vida, para ser más efectivo; le pedí a mi padre espiritual que me enseñara; y lo hizo como siempre, con mucho amor y cariño. Hoy manejo mi vida de la siguiente manera: las primeras horas del día son para estar con Dios, hacer mi devocional y manejar pequeñas tareas que incluyen: enviar y responder correos electrónicos, llamar y contestar llamadas, y dar seguimiento a cualquier actividad parcialmente inconclusa del día anterior. Usualmente, cuando termino este primer bloque de tareas, son sobre las 11:15am. Luego, empiezo a prepararme para las tareas más complejas, las que llevan más tiempo. Estas las realizo entre las 11:15am y las 4:15 pm; al finalizarlas, regreso a enviar y responder los email de ese día, llamar y responder llamadas, de modo que en 24 horas siempre tendrás respuesta de mí, lo cual es una de mis metas.

La parte más gratificante del día es la sensación de efectividad y realización; regresar a casa con mi familia y estar con ellos. Finalmente, atiendo cualquier necesidad ministerial, reuniones, discipulados y consejerías a líderes clave en la noche. Comparto todo esto, con el propósito de darles una idea de la importancia de ser efectivos al manejar el tiempo.

Una vez más, es un principio probado en la práctica. Esta organización del tiempo me ha permitido pastorear tres congregaciones, concluir dos maestrías y comenzar un doctorado en Ministerio en agosto de 2013. Además, soy papá, esposo, hijo, entreno líderes a nivel nacional y ofrezco conferencias de liderazgo. Por otro lado, fuera de la iglesia soy el C.E.O de Global Empowerment Ministries, Rector de la Academia Cristiana Hispana de Kentucky; escribo libros, fundé otra organización "Kingdom Leadership Development" y estoy en mi proceso de ordenación como Presbítero de la Iglesia Metodista Unida. Todo esto es solo posible, permaneciendo "en el lugar secreto", formando líderes, con el apoyo de la familia y planificando bien el tiempo.

Cuida tu tiempo, todos tenemos 7 días de 24 horas cada uno. No llegarás a tu futuro, a menos que inviertas en tu presente hoy. El futuro lo defino como, "el presente después de un tiempo". El mañana no existe, el mañana es hoy después de un tiempo, es hoy con otro nombre. Dime que estás haciendo hoy y te diré dónde estarás mañana. El tiempo no es más que un pequeño pedazo de eternidad que Dios ha puesto en nuestras manos para entrenarnos en el uso que le damos y evaluar cuán buena es nuestra mayordomía al final de nuestros días; vamos, no seas perezoso, levántate, y haz algo hoy; para que tu mañana pueda ser declarado como un mañana en el que la efectividad sea un valor.

Seis áreas fuertes del líder efectivo de hoy

1. Ganar almas

Con frecuencia se confunde esta responsabilidad de todos, con un ministerio dentro de la iglesia local, el "ministerio de evangelismo". Entendemos, que el ser evangelista es una de las oficinas ministeriales de Efesios 4:11. El evangelista es uno, que ha madurado en su llamamiento al punto de concentrar su vida únicamente en la realización de esta digna tarea de los que aman a Jesús. Sin embargo, no podemos perder de vista la realidad, que todos estamos llamados a ganar almas, puesto que Cristo nos envió a hacerlo.

Mateo 28:18

¹⁸Y Jesús se acercó y les habló diciendo: Toda potestad me es dada en el cielo y en la tierra. ¹⁹ Por tanto, id, y haced discípulos a todas las naciones, bautizándolos en el nombre del Padre, y del Hijo, y del Espíritu Santo; ²⁰ enseñándoles que guarden todas las cosas que os he mandado; y he aquí yo estoy con vosotros todos los días, hasta el fin del mundo. Amén.

El ministerio que Jesús recibió del Padre, nos lo ha transferido a nosotros hoy; para que vayamos en su lugar a preparar el camino para su Segunda venida. Por el poder del Espíritu Santo investido sobre nosotros, tenemos la autoridad de predicar el evangelio; ya que solo Él convence de pecado, de justicia y de juicio.

Juan 20:21

Entonces Jesús les dijo otra vez: Paz a vosotros. Como me envió el Padre, así también yo os envío. 22 Y habiendo dicho esto, sopló, y les dijo: Recibid el Espíritu Santo.

Cristo prometió que el Espíritu Santo estaría con nosotros, acompañándonos todo el tiempo hasta el fin del mundo. Por eso no tenemos por qué sentirnos solos; nosotros siempre estamos acompañados al recibir a Cristo como Señor y Salvador. En ese momento, recibimos testimonio en nuestro interior de que somos hijos de Dios.

Juan 14:17

el Espíritu de verdad, al cual el mundo no puede recibir, porque no le ve, ni le conoce; pero vosotros le conocéis, porque mora con vosotros, y estará en vosotros.

Finalmente, Cristo promete que estará sobre nosotros, para ser testigos de él y ganar almas.

Hechos 1:8

> *8 pero recibiréis poder, cuando haya venido sobre vosotros el Espíritu Santo, y me seréis testigos en Jerusalén, en toda Judea, en Samaria, y hasta lo último de la tierra.*

Como dije anteriormente, Cristo ama tanto las almas, que murió por ellas. Y por consiguiente, es el mejor regalo que podemos poner a sus pies. Con tal investidura de poder, nadie tiene excusa para no ganar almas. Aun, los pastores tienen esta responsabilidad; deben servir de ejemplo a la iglesia siendo ellos también ganadores de almas y mostrar cómo se hace en la práctica.

2 Timoteo 4:5

> *Pero tú sé sobrio en todo, soporta las aflicciones, haz obra de evangelista, cumple tu ministerio.*

El apóstol Pablo exhorta al joven pastor Timoteo, a permanecer firme, soportar las aflicciones del ministerio; y hacer obra de evangelista. Sabemos que él era pastor de Efesios de acuerdo con los libros históricos. Y qué diremos de Felipe, quien fue escogido como diácono en Hechos 6; pero eso no lo limitó en las funciones dentro de la iglesia establecida: él salía y hacía obra de evangelista.

Hechos 8:12

> *Pero cuando creyeron a Felipe, que anunciaba el evangelio del reino de Dios y el nombre de Jesucristo, se bautizaban hombres y mujeres.*

Muchas veces me han preguntado, pero qué hay de las iglesias establecidas y la gente que no quiere salir a evangelizar. Les he enseñado de evangelismo, dicen los pastores; los he motivado a salir, traer almas y no lo hacen. Amado pastor, pastora, el problema está en tus mismas palabras. Primero, Cristo nos ha dicho "Ve y predica el evangelio". El modelo de atracción a la iglesia cada vez funciona menos, debido a que la gente ha perdido la confianza en las instituciones en general. Esta nueva generación quiere hacer la diferencia; pero no a través de estas, puesto que hay muy pocas que son efectivas. Muchos están escépticos, por tanto la mejor manera de motivarlos a evangelizar es saliendo con ellos. Para garantizar el crecimiento de la iglesia, es necesario modelar delante de ellos la práctica de este poderoso mandamiento.

Las iglesias se han quedado trabadas en "ven y sígueme"; tenemos maravillosos hombres y mujeres de Dios sentados en las bancas que se les ha olvidado ir. Soy un plantador de iglesias, lo he hecho por 12 años con buenos resultados. Les puedo decir con la autoridad que viene por la práctica, que saliendo constantemente durante un año, una persona mínimo alcanza entre 20 y 35 personas contando niños y jóvenes. Esta estadística es sorprendente, ya que precisamente 25 a 35 personas, es la membresía de muchas iglesias. Si sales, das el ejemplo y ganas almas tú mismo, dos cosas sucederán, si pastoreas una iglesia existente:

- La gente será impactada por el modelo de enseñanza y la activación de la Palabra.

- Los nuevos convertidos, en su primer amor, se mezclarán con los viejos y habrá una explosión; puesto que no hay nada más contagioso que un nuevo creyente, bajo el fuego del Espíritu Santo.

Ya no más excusas; salgamos a las calles donde están las almas y ganémoslas para Cristo. Movilicemos al pueblo, como un ejército que cumple la Gran Comisión. Próximamente, publicaré un nuevo libro que prueba que hemos fallado más en la Gran Comisión (Id y predicad el evangelio y bautizar) que en el Gran Mandamiento, con todo con lo que nos quejamos que no hay amor en la iglesia.

2. Bautizar almas

El área número dos está estrechamente relacionada con la primera. Con el objetivo de cumplir cabalmente la Gran Comisión. No nos podemos quedar en predicar la Palabra solamente. Una vez que la gente ha recibido a Cristo, la señal de una genuina convicción de pecado, es el "bautismo". Mucho se ha escrito sobre el tema; y no quiero entrar en el significado de la palabra "bautismo" en griego y hebreo, pues muchos sabemos que significa, "sumergir"; pero pocos vamos y bautizamos las almas. Vaya, y sumerja unos cuantos y ponga en práctica todo el conocimiento que tiene sobre esta poderosa área de efectividad y crecimiento de la Iglesia de Cristo.

En nuestra iglesia Fuente de Avivamiento, bautizamos todos los sábados, de modo que cada año más de 100 personas reciben este sacramento. He tenido el privilegio de bautizar personas en el mismo culto en el que predico sobre el bautismo de arrepentimiento; así lo hacía el padre del bautismo Juan el Bautista. Luego, los apóstoles y la iglesia. Juan predicaba, luego bautizaba y los apóstoles también. Lo vemos en acción en los evangelios y en el libro de los Hechos. ¿Dónde dice en la Escritura que hay que pasar un curso de un año para ser bautizado? El bautismo es la puerta de entrada al reino, no la salida; es por la fe y no por entendimiento, ni por obras; si la persona cree en Cristo y en su obra en la Cruz, y hay agua cerca, nada impide que pueda ser bautizado. Entonces sí, una vez bautizado, enséñele todo el consejo de Dios.

Hechos 8:36-38

> *36 Y yendo por el camino, llegaron a cierta agua, y dijo el eunuco: Aquí hay agua; ¿qué impide que yo sea bautizado? 37 Felipe dijo: Si crees de todo corazón, bien puedes. Y respondiendo, dijo: Creo que Jesucristo es el Hijo de Dios. 38 Y mandó parar el carro; y descendieron ambos al agua, Felipe y el eunuco, y le bautizó.*

Cuando me vino esta revelación, por medio de la predicación de un hombre a quien respeto y admiro mucho, Francisco Mantilla no me pude contener ya más. Les contaré una historia personal en relación con esta área tan importante. La historia es acerca de una de las veces que puse en práctica esta revelación. Resulta que predico un mensaje de poder, retando a la gente a creer en Cristo, muchos recibieron a Cristo en la Iglesia Asbury, House of Preyer, con el pastor, Jorge y Gladis Ochoa, mis hijos espirituales. Luego, al terminar el sermón, dije: "Los que creen, se bautizan en su Nombre". Entonces me metí al bautisterio con traje y todo. Y dije: "Quien cree en Cristo, ¡que venga a las aguas!" Pasaron como dos minutos que parecían una eternidad; y yo decía en mi interior: "Señor, estoy aquí en frente de todos, ¡no me dejes en vergüenza!" Entonces la gente comenzó a pasar, primero una anciana y luego los jóvenes entre 15 y 18 años, que son un reto en todas las iglesias. Al terminar, más de 40 personas fueron bautizadas. Me agrada que otros, como el pastor Jorge

Ochoa, lo haya seguido haciendo hasta hoy. Mis líderes lo hacen una y otra vez; lo modelé y enseñé y ahora cada sábado se bautizan muchos. Dios es tan fiel, que nunca nos ha dejado con el bautisterio preparado sin usar, siempre alguien llega para ser bautizado en el nombre del Padre, del Hijo y del Espíritu Santo.

El bautismo es un acto profético que significa muerte y resurrección. (Vea más adelante lo que es un acto profético). Hay muchas denominaciones, que cuestionan la manera que se hacen los bautismos en muchas iglesias. Algunos exigen que se haga por inmersión, haciendo honor a la palabra "bautismo" para resaltar el acto de reflejar muerte y resurrección al sumergir a la persona. La verdad es que tenemos la tendencia a poner la mirada en las cosas pequeñas. No digo que no es importante, ni mucho menos llamo pequeña a la práctica del bautismo por inmersión. Pretendo solo, llamar la atención a la tendencia de poner los ojos en lo de afuera, en lugar de lo de adentro. Lo mismo hacemos con la crucifixión de Cristo, que si fue crucificado con las manos arriba, clavadas juntas, para sostener el peso, o las manos abiertas. La verdad es que no importa, lo que importa es que fue crucificado y murió por nosotros. Lo mismo con el bautismo, lo importante es que estén los elementos externos naturales: el agua y el hombre, y los elementos sobrenaturales: Dios y su gracia. Por otro lado, que podemos decir de su nacimiento, entramos en las mismas contiendas; que si no nació el 25 de diciembre, que si nació en marzo porque los pastores estaban en el campo con sus ovejas. Ovejas, ovejas somos nosotros, que nos perdemos en pequeñeces; otra vez lo importante es que nació un salvador en Belén de Judá. Este salvador partió la historia humana en dos, en antes de Cristo y después de Cristo. Tenemos el derecho de celebrarlo cuando lo decidamos, lo importante es que nació.

Concluyo entonces, que el bautismo es uno, viene de Dios y no de los hombres. Que se recibe por gracia, y te aseguro que no es la cantidad de agua la que te salva. Lo que participa en la salvación del hombre es el bautismo hecho en el Nombre de Jesús. El bautismo es como un testimonio público de la gracia que ha sido derramada en tu corazón.

Esta es la importancia del área dos, que no nos quedemos estancados conformados con el número de los convertidos y sigamos adelante en el camino de salvación haciendo discípulos. Al final del año, no solamente es necesario que reportes convertidos, sino también bautizados, ya que es la marca del evangelio del reino. Es importante también que la iglesia que pastoreas, esté viva y en el centro de la voluntad de Dios. Si el mensaje que predicamos, no produce convertidos transformados por el poder de Dios, que se bautizan en el Nombre de Jesús, vana es la predicación; aunque nos hayamos graduado con honores en un seminario teológico de renombre. No somos Harvard; somos la Iglesia de Cristo, esta última declaración nos lleva al área número tres.

3. Hacer discípulos

No somos Harvard, Salvation Army, Red Cross ni muchos menos una institución del gobierno de los Estado Unidos, con todo lo respetables que son y con lo mucho que ayudan a los necesitados. Somos la Iglesia del Dios Viviente, la única organización con la responsabilidad de hacer discípulos. Este es el tercer paso, primero ganas las almas, luego los bautizas y, entonces, los formas para hacer de ellos discípulos del Cristo Vivo. El trabajo es duro, pero hay que ser fieles a la Gran Comisión. Creo que si lo que hacemos en la iglesia, sea el programa que sea, no produce discípulos no debe realizarse; y mucho menos invertir los escasos recursos que tenemos en programas y actividades que no producen discípulos.

Un instructor les solicito a sus estudiantes que hicieran una investigación sobre el cielo, los diferentes sistemas solares, los astros y el firmamento. Les pidió, además que fueran creativos; les dijo que les daba libertad para decidir cómo comenzar y cómo terminar el proyecto. Al final, les fijó una fecha límite para entregar el trabajo, y ser calificados. Uno de los estudiantes se fue entusiasmado a realizar la investigación. Entre los planetas para estudiar encontró la tierra. Quedó tan fascinado, que hizo toda su investigación sobre la vida en la tierra, la flora, la fauna, las culturas, los idiomas y las civilizaciones. Se aseguró de que el trabajo no tuviera errores gramaticales y contrató a diseñadores gráficos que le diseñaran una presentación excelente en PowerPoint. Al terminar el trabajo, estaba orgulloso y seguro de que obtendría la más alta calificación. Llegó el tan ansiado día de entregar la investigación al maestro; para su sorpresa no pasó el examen, su calificación fue "F". ¿Qué sucedió? ¿Por qué desaprobó? Creo que todos saben la respuesta, porque el trabajo que debía realizar era sobre el cielo, los astros en general, el firmamento y los sistemas solares. El profesor dijo: "Excelente investigación, excelente presentación, excelente gramática y excelente línea de pensamiento y análisis de la información, pero estás desaprobado, tu calificación, amado estudiante, es "F".

¡Así sucederá con todo aquel que no forme discípulos! El Maestro dirá excelente edificio, excelente pintura y alfombra, excelentes programas para niños, jóvenes y adultos, excelente ministerio social, doctrina, predicación y música; y, mejor aún, excelente asistencia los domingos, pero estás descalificado, tu calificación es "F". ¿Dónde están los discípulos? Te envíe a hacer discípulos, da cuenta de tu mayordomía, porque el juicio comenzará por la casa de Dios.

1 Pedro 4:17

> *Porque es tiempo de que el juicio comience por la casa de Dios;*
> *y si primero comienza por nosotros, ¿cuál será el fin de aquellos que*
> *no obedecen al evangelio de Dios?*

Todos daremos cuenta de lo que hayamos hecho mientras estamos en el cuerpo; pero no hay que temer, pues no hay condenación para los que están en Cristo Jesús, de acuerdo con Romanos 8. Ahora bien, tu salvación no está en juego, pero sí la obra que hacemos, y que hemos hecho; será probada, y sufriremos pérdida, si no ha sido hecha en Cristo Jesús.

1 Corintios 3:13-15

> [13] la obra de cada uno se hará manifiesta; porque el día la
> declarará, pues por el fuego será revelada; y la obra de cada
> uno cuál sea, el fuego la probará. [14] Si permaneciere la obra de
> alguno que sobreedificó, recibirá recompensa. [15] Si la obra de
> alguno se quemare, él sufrirá pérdida, si bien él mismo será
> salvo, aunque así como por fuego.

El fuego pondrá a prueba todo lo que hemos hecho; y lo que Dios no haya plantado, no permanecerá. Solo los discípulos permanecen, amado hermano; busca hombres y mujeres que quieran comprometerse con el Maestro; y entregar toda su vida al Señor de los espíritus. Hacer discípulos no es una opción, Cristo espera que los formemos; que todo lo que hacemos en nuestro ministerio produzca uno; de la misma manera los recursos que Dios nos entrega son con el firme propósito de hacer de cada creyente un discípulo.

4. Doctrina

La doctrina es el fundamento de la fe cristiana y de la iglesia. La sana doctrina es letal para las tinieblas. A Satanás le conviene el legalismo, como un método de atar las almas, con aquello, que se supone que es para su liberación. La tendencia de enfocarnos en lo de afuera, en lugar de lo de adentro, nos lleva al mismo error que confrontó Jesús en contra de los fariseos. Jesús enseñó que lo que nos mata, no es lo que entra a la boca; sino lo que sale del corazón. Podemos deducir de su enseñanza que lo que mata no son las formas externas de la práctica cristiana aunque entendemos que tienen valor; sino la esencia de lo que creemos en nuestro interior. Cuando nos concentramos en las fiestas, las comidas y el vestir en lugar de la santidad, la sana doctrina, la fe, la revelación, la justificación, el buen testimonio privado y público caemos en el error que nos advertía Jesús. Es bueno comer saludablemente, vestirse formalmente y guardar un día de reposo a la semana; pero sin dar la prioridad a lo externo, sobre lo interno; ya que es el hombre interior es el que se renueva, día a día, para conformarse a la imagen de Cristo.

Me preocupan las iglesias de hoy; la mayoría no hacen un énfasis fuerte en la doctrina de Cristo. Hace un tiempo, la iglesia estaba bien preparada, tanto, que se podía decir, que la gente tenía doctrina; estaba definida en su fe y en sus creencias. Hoy la gente cree de todo, todo está bien; creen que Dios está en todas partes, lo cual es muy cierto; pero que por tanto pueden congregarse en cualquier iglesia; después de todo Dios es uno. A simple vista, parece una muestra de profundo conocimiento de Dios cuando en realidad, no es otra cosa que una revelación del nivel doctrinal y bíblico de tales personas. Revelan que no tienen una base doctrinal sólida; y, por tanto, son movidos de aquí para allá por todo viento de predicación.

Efesios 4:14

> *para que ya no seamos niños fluctuantes, llevados por doquiera* **de** *todo* **viento de doctrina**, *por estratagema* **de** *hombres que para engañar emplean con astucia las artimañas* **del** *error,*

Muchos creyentes con años en el evangelio no dominan doctrinas básicas de la fe cristiana, las cuales son vitales para un desarrollo saludable; y sin lugar a duda, creo que no podrán comer carne espiritual por falta de preparación. Por ejemplo, Hebreos 6:1-2 habla de las bases de la Doctrina de Cristo. En este pasaje somos exhortados a establecer este fundamento para luego movernos a la perfección.

Hebreos 6:1-7

[1]Por tanto, dejando ya los rudimentos de la doctrina de Cristo, vamos adelante a la perfección; no echando otra vez el fundamento del arrepentimiento de obras muertas, de la fe en Dios, [2]de la doctrina de bautismos, de la imposición de manos, de la resurrección de los muertos y del juicio eterno.

Haga una encuesta en su iglesia mientras lee este libro, pregunte ¿cuántos conocen estas seis doctrinas básicas? ¿las pueden articular bien?¿Cuántos están listos para defender su fe usando estas doctrinas como arma ofensiva?

- Arrepentimiento de obras muertas

- La fe en Dios

- Doctrina de bautismos

- La imposición de manos

- La resurrección de los muertos

- El juicio eterno.

Pregunta, ¿cuántos las practican? Si encuentras que no saben, que no pueden articularlas; no pierdas más tiempo y empieza ya mismo. Muy pronto estaré escribiendo sobre este tema en otro libro; ya que creo que es de vital importancia para la iglesia hoy.

Aprendí con Wesley, uno de los hombres de mayor influencia que he conocido, que la doctrina juega un rol fundamental en la formación del cristiano. Si la doctrina no es práctica; no producirá cambios sostenibles en la vida del creyente. Juan Wesley, el decimoquinto hijo de sus padres, nació el 17 de junio de 1703 en el hogar de un ministro cuyo padre y abuelo también fueron pastores. Wesley enseñaba que tenemos que aprender a discernir entre las doctrinas fundamentales y las opiniones. Las primeras son las doctrinas básicas enseñadas por Cristo y los apóstoles para salvación. Las opiniones, por otro lado, son todas aquellas doctrinas que no afectan la entrada del creyente al cielo.

Por ejemplo, si alguien no cree que Jesucristo es el Hijo de Dios, nacido de la virgen María; que murió por nosotros en la Cruz del Calvario, morirá irremisiblemente, se irá a una eternidad sin Dios. En doctrinas básicas, como la doctrina de la salvación, la justificación, la trinidad y el pecado original no puede haber discusión. Ahora, si alguien cree que la evidencia de la llenura del Espíritu Santo es hablar en otras lenguas, dando la supremacía a este don por encima de todos los demás dones y de los frutos del Espíritu es su opinión.

Ahora bien, la doctrina que enseña que no hay pecado; que no hay cielo, que no hay infierno o que Cristo no resucitó de los muertos es del diablo, y las personas que la proclaman está predicando otro evangelio.

Gálatas 1:8

> *Mas si aun nosotros, o un ángel del cielo, os anunciare otro*
> *evangelio diferente del que os hemos anunciado, sea anatema.*

Hay otros que se oponen a la sana doctrina; en realidad se oponen a todo lo que sea santo. A los tales, el apóstol Pablo les enseña.

1 Timoteo 1:10

> [10]para los fornicarios, para los sodomitas, para los
> secuestradores, para los mentirosos y perjuros, y para cuanto se
> oponga a la sana doctrina,

Últimamente, he visto un incremento de la oposición a la sana doctrina; lo cual es indicio de que se acercan tiempos de la persecución de la iglesia. Cada vez es más difícil esconderse detrás de las palabras y las frases políticamente correctas. La sociedad está empujando a la iglesia a definirse en temas como la homosexualidad, el matrimonio y muchos otros. Los que no estén dispuestos a padecer por Cristo dejarán de ser pastores, apóstoles, evangelistas y maestros. Los que no están listos para sufrir pérdida; y correr peligro por lo que creen apostatarán de la fe muy pronto; y negarán a Cristo.

Yo por mi parte pido misericordia a Dios; que me dé denuedo y valor para testificar lo que creo. Llevo más de dos años haciendo esta oración; porque considero que los tiempos están cerca, muy cerca. Pienso, por ejemplo, que la homosexualidad es pecado y que el matrimonio establecido por Dios es entre un hombre y una mujer. Creo también que Dios, la iglesia y todos los seres humanos amamos y deberíamos amar a los homosexuales. Todos tenemos que arrepentirnos; y apartarnos del pecado que nos aleja de Dios. Si alguien dice: "Es que yo nací así" la respuesta es sencilla: todos tenemos que nacer de nuevo.

Juan 3:7

> *No te maravilles de que te dije: Os es necesario nacer de nuevo.*

No somos el Estado para decidir si aprueban la ley del matrimonio del mismo sexo o no; la separación entre iglesia y estado es clara; no necesitamos que el gobierno nos diga qué creer y que no creer en la casa de Dios. Si quieren aprobarlo está bien, pero no le llamen matrimonio a ese nuevo estatus social; y, mucho menos, nos obliguen a casarlos. Puede ser que nos demanden por no querer hacerlo acusándonos de "discriminación" cuando en realidad es un asunto de "fe", "doctrina" y convicción". Llamemos las cosas por su nombre y comenzará la persecución.

1 Timoteo 4:3

> Porque vendrá tiempo cuando no sufrirán la sana doctrina,
> sino que teniendo comezón de oír, se amontonarán maestros
> conforme a sus propias concupiscencias,

Estemos listos para dar testimonio; predicar a Cristo a tiempo y fuera de tiempo. Ya que Dios decidió desde los tiempos antiguos salvar al mundo; no por medio de la sabiduría, ni los argumentos, sino por la locura de la predicación. Y si alguien predica otro evangelio, sea anatema.

5. Levantar fondos

Vivimos en un mundo en decadencia y en crisis financiera. Cada vez son más las organizaciones sin fines de lucro y las compañías que compiten por el dólar en el bolsillo de la gente que se congrega en la Iglesia de Cristo. Las instituciones seculares tienen un sistema sólido para levantar fondos, manejarlos, invertirlos y recuperarlos; no así la iglesia de Dios. En muchos casos, los pastores tienen miedo de hablar de finanzas; no enseñan a su gente sobre el tema; en privado creen que son pobres y llenos de limitaciones. Un líder gubernamental del reino cree en el pueblo hispano. Entiende que no se jugó la vida pasando el río, el mar y el desierto para hacer un voto de pobreza franciscano, nada malo en ello. Dios levanta a hombres y mujeres en todo el mundo, que se juegan la vida diariamente para servir en medio de los pobres, a los cuales respeto y les guardo mucha consideración. Mis oraciones están con ellos todos los días.

El punto que me propongo establecer es que nuestra gente se jugó la vida para venir a esta tierra, tras el "sueño americano"; en su mayoría no vinieron para comprometerse con la iglesia; y mucho menos a dar sus diezmos a Dios. Solo el poder de la Palabra y el fuego del Espíritu Santo los convencerá de lo contrario. Debemos enseñar sobre el pecado y sus consecuencias, la santidad, el cielo, la tierra y el infierno. Es importante entender que la Biblia es la Palabra de Dios, que Cristo es el Dios verdadero y que el Dios de los cristianos es un Dios revelado en tres personas. Pero también hay que enseñarles los principios de prosperidad del reino; pues para ellos es de vital importancia para ayudar a sus familias, dentro y fuera de los Estados Unidos. En los capítulos posteriores veremos los principios de honra, del diezmo y las primicias. El caso que estoy estableciendo es que todos los líderes hoy, tenemos que aprender a levantar fondos; ir al mundo y aprender el arte de los negocios, el arte de poner las arcas del mundo en función de la visión de Dios.

Éxodo 12:35

*E hicieron los hijos de Israel conforme al mandamiento de Moisés, pidiendo de los **egipcios** alhajas de **plata**, y de **oro**, y vestidos.*

Génesis 48:22

*Y yo te he dado a ti una parte más que a tus hermanos, la cual tomé yo de mano del amorreo **con mi espada y con mi arco**.*

Aprendamos de los patriarcas, de Moisés, y de muchos otros; que buscaban la prosperidad financiera del pueblo en las naciones que les rodeaban. Los pastores no podemos seguir dependiendo únicamente de los diezmos. Enseñemos al pueblo a conquistar la tierra que vinieron a poseer. Afirmémosles, y llegarán a ser cabezas de negocios; y columnas financieras de la iglesia local. Este valor lo hemos practicado con excelentes resultados, pues, en la iglesia local, tenemos muchos hombres y mujeres de negocios, los cuales llegaron sin Cristo, sin esperanza y cansados de estar en los Estados Unidos por muchos años sin lograr muchos de sus objetivos.

6. Tecnología

Por último, quiero hablar de la tecnología como un instrumento para ganar almas, bautizarlas y formar discípulos. Vivimos en un mundo gobernado por la tecnología, imposible escapar de ella. Creo que todo lo que existe hoy, debe ser usado con un propósito santo al servicio del reino. Todo líder que se rehúse a aprender, cómo manejar una computadora, Facebook, enviar emails, textos y todos los medios de comunicación posibles garantizará que su ministerio será irrelevante y estará condenado al olvido generacional. Las redes sociales están llenas de gente, que necesita a Cristo; de gente que tienen a Cristo en el corazón, pero que no se comportan como hijos de Dios.

Por tanto, nuestra presencia como líderes en esas redes sociales nos permitirá, testificar, corregir y reportar. Crea grupos cerrados en Facebook para tu iglesia y ministerios con el propósito de mantenerse conectados e informados. Además, podrás velar el testimonio de tu gente en las páginas públicas, responder a dudas y controversias sobre asuntos polémicos de hoy, tales como: la homosexualidad, el matrimonio del mismo sexo, los tatuajes y la unión libre, etc.

El evangelismo en el siglo 21, no se puede seguir realizar como en el siglo pasado. Muchas de las estrategias que se usaron fueron efectivas; y sirvieron mucho a la iglesia de ayer, pero hoy no producen resultado. La época de los tratados y los opúsculos o volantes con información de la iglesia está pasando rápidamente con la fiebre tecnológica. Tenemos que entrar a la radio, a la televisión y a los anuncios pagados. Debemos mantener como estrategia el evangelismo de uno a uno.

Y qué decir de la generación de jóvenes de hoy, aquellos que yo llamo la generación de Daniel y de José.

Génesis 42:7

> *Y José, cuando vio a sus hermanos, los conoció; mas hizo como que no los conocía, y les habló ásperamente, y les dijo: ¿De dónde habéis venido? Ellos respondieron: De la tierra de Canaán, para comprar alimentos.*

José hablaba como egipcio, se vestía como egipcio; pero Jehová estaba en su corazón.

Génesis 45:1

> *No podía ya José contenerse delante de todos los que estaban al lado suyo, y clamó: Haced salir de mi presencia a todos. Y no quedó nadie con él, al darse a conocer José a sus hermanos.*

¿Qué apariencia tenía José que sus propios hermanos no le reconocían? Y qué hay de Daniel que sobrevivió tres reinos por su sabiduría y fidelidad a Dios. Ciertamente, conocía los idiomas, el protocolo de la corte, las vestiduras y las artes de todos sus reyes.

Daniel 1:17

> *A estos cuatro muchachos Dios les dio conocimiento e inteligencia en todas las letras y ciencias; y Daniel tuvo entendimiento en toda visión y sueños.*

Vemos que la sociedad de hoy sigue demandando de nuestros jóvenes lo mismo que demandaba en los tiempos de Daniel, esto es, que sean hermosos, inteligentes, sabios y dominen varias lenguas.

Daniel 1:3-4

> [3] Y dijo el rey a Aspenaz, jefe de sus eunucos, que trajese de los hijos de Israel, del linaje real de los príncipes, [4] muchachos en quienes no hubiese tacha alguna, de buen parecer, enseñados en toda sabiduría, sabios en ciencia y de buen entendimiento, e idóneos para estar en el palacio del rey; y que les enseñase las letras y la lengua de los caldeos.

Por eso, les llamo la Generación gubernamental de José y Daniel. Porque no son de aquí, ni de allá; porque se visten diferente; porque hablan dos y tres idiomas; porque no siguen las costumbres de los padres; y son entendidos por pocos. Porque son juzgados por la manera de vestir, ya que muchos se visten como egipcios. Advertencia: ¡Cuidado! Te puedes llevar una gran sorpresa, al ver que en sus corazones está Cristo; y que en ellos arde el fuego del Espíritu Santo, como en Daniel y José.

Aceptemos que no son como sus padres; ni tampoco como la generación que los sacó de su tierra, su lengua y su cultura. A ellos, no los podremos alcanzar, como alcanzamos a sus padres; y si no sabemos cómo usar la tecnología, los perderemos. Ellos están marcados para gobernar; no los verás limpiando casas, cortando el pasto, construyendo edificios, si bien es cierto que todo trabajo es honorable y honroso en sí mismo, con ellos no será así. De hecho, nosotros la primera generación, ya estamos pagando el precio y muy caro; para que ellos: tengan documentos, vayan a la universidad, y lleguen donde nosotros no pudimos. Solo oro para que recuerden que Dios es Dios de los muertos y de los vivos; que Jehová es Santo y no hace acepción de personas.

Espero que honren a la generación que les dio a luz; la generación que estuvo dispuesta a cortar el pasto, construir casas, limpiar pisos y todo lo que fuera necesario para que ellos pudieran cumplir sus metas y sueños. Es importante que no olviden que su sueño es posible. Primero, porque Jehová Dios es Padre y es bueno, que toda dádiva, y todo don perfecto, desciende de lo alto, del Padre de las luces. Que sus logros son gracias a que un abuelito, abuelita, mamá, papá, tíos, sobrinos y amigos se jugaron la vida pasando el desierto o el mar, sufrieron persecución, fueron humillados, sufrieron por la nostalgia y la soledad, cayeron en el vicio y muchos murieron al llegar a los Estados Unidos; otros murieron después de haber llegado, todo para que la segunda y la tercera generación vivan en victoria. Todo para que la generación de José, Daniel, Isaac y Jacob coseche el avivamiento que viene sobre los Estados Unidos.

II
EL CORAZÓN DEL GUERRERO

Introducción:

Dios nos ha dado una visión apostólica de alcance, transformación y poder sobrenatural. Nuestra visión no se extiende exclusivamente a nuestra ciudad de Lexington, sino que va más allá. Buscamos conquistar e impactar, con el mensaje del reino, a todo el norte de los Estados Unidos y hasta Canadá. Dios, en su soberana voluntad, nos ha escogido para esta ardua tarea gubernamental. Los discípulos de nuestra Iglesia Fuente de Avivamiento juegan un papel fundamental en esta encomienda. Son discípulos, con la mentalidad del reino, amigos del Espíritu Santo y un **corazón de guerrero**.

Entendemos que nuestra amistad con el Espíritu Santo es desarrollada en el lugar secreto, que una vida pública de victorias y éxitos está respaldada por una vida de guerra, ayuno, oración y sacrificio en el lugar secreto. Todo lo que somos en público es un reflejo de nuestra vida privada de oración. Creemos con todo el corazón que nuestra mentalidad tiene que ser renovada diariamente dando un lugar primordial a la Palabra de Dios en nuestra vida. Solo así tendremos la fuerza moral interior para llevar cautivo todo pensamiento amoral a la cruz de Cristo. El primer objetivo de este capítulo es desarrollar un entendimiento claro de lo que significa tener un corazón de guerrero para Dios; y diferenciarlo de lo que es tener un corazón en guerra contra Dios y el mundo. Nos proponemos poner fundamentos sólidos a esta cualidad fundamental de un líder gubernamental.

Comenzaremos primeramente definiendo el concepto de Dios sobre el corazón humano. Dicha definición, basada en las Escrituras y en el uso del idioma original, nos llevará, paso a paso, a entender las intenciones del Creador al darnos un corazón como el de David para adorarle y servirle todos los días de nuestra vida.

¿Qué es un corazón conforme a las Escrituras?

Corazón, expresión hebrea "*leb*": Término que se usa figuradamente en las Escrituras para designar el centro o foco de la vida, la totalidad y la esencia de todas las cosas y de las actividades humanas. En particular se refiere al centro de la personalidad del hombre, descrita en el Antiguo Testamento como carácter, personalidad, voluntad, y mente. Son términos modernos para hablar del corazón hoy, como lo describe en el Nuevo Testamento.

Un corazón enfermo es preocupación de todo médico y cardiólogo en estos tiempos, tanto como lo fue ayer. Ya que es una de las principales causas de muerte, por causa de stress y otras enfermedades. Nosotros como iglesia nos hemos propuesto el hacer de cada hombre y mujer un discípulo de Cristo con un corazón sano. La Biblia se ocupa del corazón como el sitio de la actividad y la actitud moral, ética y espiritual más que del órgano físico en sí. Muchas veces la palabra "*leb*" se traduce como mente, así como por corazón; y aparece, 850 veces en el Antiguo Testamento.

La Escritura nos enseña que el corazón es la fuente de la cual emana todo lo que somos. Este se alimenta de pensamientos, palabras y acciones.

Fluidos que emanan del corazón:

- Fuente de los motivos, de las pasiones y procesos mentales. Jr 17:9

- Fuente de sabiduría y emociones. Pr 2:10

- Fuente de voluntad, deseo y fuerzas. Dt. 6:5

- Fuente de revelación, de las apariencias externas. 1 S 16:7

- Fuente de comportamiento de los hombres. Dt. 5:29

¿Cuál es la prioridad de Dios? ¿Qué tengamos corazones saludables físicos o espirituales?

Todos tenemos físicamente el mismo corazón humano; sin embargo Dios nos asegura que no todos tenemos un corazón como el suyo. Este estado solo se alcanza cuando nuestros corazones son limpiados por la fe en Cristo Jesús. Dios, como nuestro Creador y Sanador, es el único que puede solucionar el problema del corazón humano. Ya que es más importante tener un corazón espiritual saludable que físicamente. Pues, de la misma manera que un infarto puede llevar a la muerte física, un corazón desconectado de su fuente de vida, paz, y amor, que es Dios mismo, nos llevará inevitablemente a la muerte espiritual.

Ahora bien, menospreciar la salud física del corazón es un error que puede acortar nuestra vida, misión y ministerio en la tierra. Aquí, también aplica el principio que les enseñé, en el capítulo anterior: "La unción no puede ir donde el cuerpo no puede estar". Por tanto, no estamos sugiriendo en este capítulo el descuido de la salud física; ya que de ella depende, el éxito, la eficacia y el desempeño de nuestra obra ministerial en Cristo.

Éxodo 15:26

> *y dijo: Si oyeres atentamente la voz de Jehová tu Dios, e hicieres lo recto delante de sus ojos, y dieres oído a sus mandamientos, y guardares todos sus estatutos, ninguna enfermedad de las que envié a los egipcios te enviaré a ti; porque yo soy Jehová tu sanador.*

¿Dónde comenzó el problema de corrupción del corazón humano?

Isaías 14:13

> *Tú que decías en tu corazón: Subiré al cielo; en lo alto, junto a las estrellas de Dios, levantaré mi trono, y en el monte del testimonio me sentaré, a los lados del norte;*

La maldad comenzó en el corazón de Lucifer, quien quería ser hecho a imagen y semejanza de Dios; además, añadió a todas sus maldades el anhelo en su corazón de ocupar el lugar de Dios. La corrupción de su propio corazón fue el objeto de su caída hasta lo más profundo del infierno. Satanás no fue creado por Dios; Dios creó a Lucifer, Satanás se hizo diablo y espanto solo al permitir que la maldad reinara en su corazón, sin arrepentimiento. Por tanto, el corazón endurecido es el resultado de vivir bajo su influencia; y andar en caminos de maldad. Por esta misma razón, los demonios no se arrepienten, ya que no tienen corazón. No hay nada de justicia en Satanás y sus demonios; pues en sus corazones —esencia, centro y foco de todas las acciones— reina la maldad y la rebeldía en contra de Dios y de los hombres.

Romanos 10:10

> *Porque con el corazón se cree para justicia, pero con la boca se confiesa para salvación.*

Ellos tampoco necesitan fe porque han visto y ven a Dios cara a cara; no pueden agradar a Dios, ni creer con el corazón; y acarrean en sí mismos mayor castigo.

Hebreos 11:6

> *Pero **sin fe es imposible** agradar a Dios; porque **es** necesario que el que se acerca a Dios crea que le hay, y que **es** galardonador de los que le buscan.*

En el momento en que Adán escogió escuchar la palabra de la serpiente, escogió someterse al dominio de Satanás; y renunciar a la soberanía de Dios sobre su vida. Sin embargo, debemos recordar que Dios creó a Lucifer perfecto.

Ezequiel 28:14

> *Tú, querubín grande, protector, yo te puse en el santo monte de Dios, allí estuviste; en medio de las piedras de fuego te paseabas. 15 Perfecto eras en todos tus caminos desde el día que fuiste creado, hasta que se halló en ti maldad.*

Como a Lucifer, Dios nos creó perfectos; pero la gran diferencia es que además fuimos hechos a su imagen y semejanza. Algo que perdimos en el evento más catastrófico de todos los tiempos: *la caída del hombre de la gloria de Dios*. En dicha caída, todo nuestro ser sufrió pérdidas de un valor incalculable. Nuestra imagen perfecta, hecha semejante a Dios, fue quebrantada, rota, distorsionada, incluyendo nuestro corazón. Como resultado, la fuente de vida, bondad, amor y paz que fluía de nuestro corazón se secó; y el resultado de nuestras acciones fue hacer de continuo el mal, alimentándonos de las tinieblas, infiltradas en nuestros corazones, producto de la caída y nuestra propia maldad.

Génesis 6:5-6

> *Y vio Jehová que la maldad de los hombres era mucha en la tierra, y que todo designio de los pensamientos del corazón de ellos era de continuo solamente el mal. Y se arrepintió Jehová de haber hecho hombre en la tierra, y le dolió en su corazón.*

Entendemos que un corazón corrupto, deformado, por causa del pecado; no puede por sí mismo hacer la voluntad de Dios. Es necesario y determinante que los corazones sean restaurados; es necesario que nuestro corazón de piedra sea removido, y recibamos de Dios un corazón de carne.

Ezequiel 36:26

> *Os daré corazón nuevo, y pondré espíritu nuevo dentro de vosotros; y quitaré de vuestra carne el corazón de piedra, y os daré un corazón de carne.*

¿Cuáles son las soluciones divinas para restaurar el corazón humano?

- Circuncidar los corazones de todos los hombres. Dt. 30:6, Jr. 4:4

- Dios puede limpiarlo. Sal 51:10, Mateo 5:18, Hech. 15:9

Dios puede restaurarlo, recrearlo y hacerlo nuevo. Ez 18:31; Jr. 31:33
¿Cuál es la responsabilidad humana para que nuestro corazón sea sanado al estado original?

- Entregar nuestro corazón a Jesús. Ef. 3:17

- Guardarlo con mucho cuidado; ya que es la fuente de todos los deseos, palabras, acciones y sentimientos. Pr. 4:23

- Encaminarlo en los senderos de la justicia. Pr.23:26

- Pactar con nuestro corazón. He. 8:10

La Palabra de Dios nos revela que es la voluntad de Dios que nuestro corazón sea restaurado para traer su reino a la tierra, y que se haga su voluntad. Por tanto, en Fuente de Avivamiento, nos hemos propuesto levantar discípulos vino nuevo, con mentalidad de reino, amigo del Espíritu Santo y con un **corazón de guerrero**.

Ahora bien, quiero hacer la distinción y dejar claro, que "NO" es un corazón de guerrero. Con frecuencia, se confunden estos estados del corazón fácilmente; Jeremías nos enseñó cuan engañoso es el corazón del hombre.

Jeremías 17:9

> *Engañoso es el corazón más que todas las cosas, y perverso; ¿quién lo conocerá?*

Por tanto hagamos la distinción entre lo que es un "corazón de guerrero" de un "corazón en guerra".

¿Cuáles son las características de una persona con un corazón en guerra?

1. Es uno cuyo corazón no tiene paz; siempre está en guerra en contra de los demás por causas erróneas, egoístas, insensibles y contrarias a Dios.

2. Uno que quiere cambiar a los demás sin primero cambiar él mismo. Está demostrado que tiene que haber un cambio genuino y fundamental en nosotros, antes de invitar a otros a cambiar.

3. Uno que invierte más tiempo en el crecimiento espiritual, moral y familiar de los demás que en el suyo propio y el de su familia.

4. Uno que pasa más tiempo pensando en las cosas que van mal, que haciendo que todo salga bien, y haya paz.

5. Uno que invierte tiempo destruyendo relaciones en lugar de construirlas; y que, en lugar de procurar que las cosas funcionen, se la pasa corrigiendo todo y a todos para crear nuevos conflictos.

6. Es uno que no se somete a la autoridad y no abraza la visión de Dios para su tiempo, su iglesia y su comunidad.

7. Es uno que es más fiel a sus problemas, sus preocupaciones y su pasado que a Dios y al destino de Dios para él.

8. Uno que ve a otros como enemigos, inferiores; como obstáculos, para su formación espiritual, tranquilidad y destino.

9. Es uno que, en lugar de conversar y ventilar el problema, escoge no hablar y, en cambio, se comunica a través del silencio con actitudes desconsideradas e inmaduras. Es uno que aun callando, la voz de sus acciones hablan más alto que la de la sangre de ABEL y que la voz de Dios en su interior.

10. Es uno que demanda justicia; pero tiene problemas para vivirla. Se ve a sí mismo como víctima inmerecedora de los golpes de la vida. Uno que desconsolado grita: ¿Por qué a mí, Señor?

11. Uno que sostiene el conflicto en lugar de buscar soluciones.

12. Uno, cuyo corazón en guerra, no le deja experimentar la paz.

Al ver todas estas características, quedamos impresionados, nombres y situaciones vienen a nuestra cabeza. Solo quiero aclarar que no llegamos a esta condición de la noche a la mañana. Todas estas características nos llevan al próximo punto.

¿Cuál es la diferencia entre un conflicto y una guerra?

Un conflicto se produce cuando alguien nos hace algo, cuando somos víctimas de situaciones y malentendidos de la vida. Se forma una guerra cuando pasamos de víctimas a victimarios, de oprimidos a opresores, de incomprendidos a intransigentes. Con nuestras acciones, provocamos en los demás los mismos comportamientos que odiamos: actitudes negativas, palabras impropias y emociones destructivas. Todo esto se convierte en una excusa perfecta para seguir actuando en contra de Dios y de su Palabra. En situaciones conflictivas es mejor mantener nuestra posición en Cristo a cualquier costo; aún a costa de nuestro propio bienestar.

Amado amigo, amiga y hermano: cuando adoptas actitudes de victimario, tu corazón ingresa al campo de batalla; y toda tu vida con él. Como dijo Job: "El mal que temía me ha sobrevenido" y comenzamos a vivir nuestras más temidas pesadillas; la diferencia es que no estamos durmiendo; no podremos escapar tan fácilmente.

¿Cuándo podemos decir que nuestro corazón ha entrado en guerra?

La historia humana está llena de episodios, eventos y sucesos históricos de guerra en contra de villas, pueblos, estados, ciudades, naciones y el mundo entero. La Primera y la Segunda Guerra Mundial son un testimonio vivo de cuan lejos podemos llegar para hacer valer lo que creemos, queremos y anhelamos. Uno de los principios de guerra es que para pelear se necesitan dos; solo los locos pelean consigo mismos; pero la regla más fuerte es la de ver a los demás como obstáculos, enemigos, gusanos y seres inferiores a lo que es un ser humano.

Veremos que ambas partes del conflicto trabajan duro para reforzar su manera negativa, inhumana y degradada de ver a aquellos que tienen por enemigos. Pues la única manera de poder llevar a cabo las acciones atroces que se cometen en un conflicto armado es alimentando nuestro corazón con odio, venganza, resentimiento, orgullo, amargura y un deseo desmedido de lograr justicia personal. Toda víctima herida, resentida, con falta de perdón, tiene un corazón en guerra contra alguien o algo. La Palabra de Dios enseña que de la abundancia del corazón habla la boca. Al aplicar esta verdad eterna más profundamente, podemos decir que de la abundancia del corazón se llenan nuestros ojos e inevitablemente vemos lo que siente nuestro corazón.

Santiago 3: 6

> 6Y la lengua es un fuego, un mundo de maldad. La lengua está puesta entre nuestros miembros, y contamina todo el cuerpo, e inflama la rueda de la creación, y ella misma es inflamada por el infierno.7 Porque toda naturaleza de bestias, y de aves, y de serpientes, y de seres del mar, se doma y ha sido domada por la

*naturaleza humana;**8** pero ningún hombre puede domar la lengua,*
*que es un mal que no puede ser refrenado, llena de veneno mortal.**9***
Con ella bendecimos al Dios y Padre, y con ella maldecimos a los
hombres, que están hechos a la semejanza de Dios.

Aquellos con un corazón en guerra cuentan, una y otra vez, la historia de su fatal desgracia a todos los que encuentran en el camino; y así reviven el pasado a cada instante, asegurándose de que su herida se mantenga tan abierta y fresca como el primer día. Se rehúsan a recibir aceite fresco sobre su llaga para ser sanados y se niegan a recibir la promesa de sanidad en Cristo.

Isaías 53:5

*Mas él herido fue por nuestras rebeliones, molido por nuestros pecados; el castigo de nuestra paz fue sobre él, y por su **llaga fuimos** nosotros **curados.***

Recuerde que los corazones cargados de dolor, resentimiento y amargura comienzan a ver a los demás como enemigos, seres despreciables, destituidos de todo amor y oportunidad de perdón; lo cual deja nuestro corazón en un estado deplorable de guerra. Cuando tomamos esta actitud, frente a la vida y a otros, en ese mismo momento estamos escogiendo que nuestro corazón vaya a la guerra. La única manera de cambiar lo que hablamos y vemos no es tapando nuestra boca, ni nuestros ojos. No es llorando y haciendo promesas de no hablar. La única manera efectiva de cambiar lo que hablamos y vemos es cambiando nuestro corazón. Un corazón en guerra lo primero que olvida es que los demás también están hechos a imagen y semejanza de Dios. Por tanto, perdonarles, servirles y amarles es amar, servir y perdonar a Dios mismo; aunque Dios no necesita ser perdonado por nadie.

En el momento en que nuestro corazón entra en guerra, invitamos al fracaso a ser nuestro hermano y a la miseria, nuestra parienta. Esta decisión nos lleva, además, a invertir tiempo, esfuerzo y recursos financieros en hacer de nuestro alrededor un campo de batalla, en el que las primeras víctimas son aquellos que más amamos: esposos, esposas, hijos e hijas, hermanos y hermanas, amigos y vecinos, parientes y pastores, líderes y colíderes, Dios y el prójimo. Cuando alguien decide que su corazón va a la guerra, se le hace imposible mantener la paz familiar o una buena relación con los demás, puesto que su corazón no está en paz.

Se cumple la palabra: ...de una misma fuente no puede correr la bendición y la maldición, la paz y la guerra.

Santiago 3:10-12.10

> De una misma boca proceden bendición y maldición. Hermanos míos, esto no debe ser así. 11 ¿Acaso alguna fuente echa por una misma abertura agua dulce y amarga? 12 Hermanos míos, ¿puede acaso la higuera producir aceitunas, o la vid higos? Así también ninguna fuente puede dar agua salada y dulce.

Cuando nuestro corazón se corrompe, empezamos a ver a los demás como objetos y enemigos declarados de nuestro destino. Y comenzamos a provocarles a hacer nuestra vida difícil. En una palabra, comenzamos a invitar a las personas a hacer nuestra vida miserable. Les provocamos a realiza las mismas obras, que nosotros decimos que odiamos de ellos. En esos momentos, pasamos de tener un conflicto, a comenzar una guerra.

¿Puede un corazón en guerra caer más bajo?

Los grados de degradación de un corazón en guerra van desde la guerra personal contra alguien especial hasta la guerra en grupo cuando involucramos a otros, esto es, una guerra en la que afectamos la unidad familiar, la vida comunitaria y la de la iglesia. Las tinieblas dentro del corazón humano pueden llegar a tener una profundidad incalculable. Definitivamente podemos caer más bajo, ya que el nivel de carnalidad en la que puede operar un ser humano es tan profundo como los mismos infiernos. Cuando entramos a lo que llamamos guerra de aliados, caemos en un estado de depravación casi total. Cristo manda a arrepentirnos como la única solución, para no ser removidos de su Presencia y de su iglesia.

Apocalipsis 2:5

> Recuerda, por tanto, de dónde has caído, y arrepiéntete, y haz las primeras obras; pues si no, vendré pronto a ti, y quitaré tu candelero de su lugar, si no te hubieres arrepentido.

¿Quién es un aliado?

Aliado: Se aplica a la persona que se alía o une con otra para un fin determinado. El término "aliados" se usa en el sentido genérico de "todos los que se oponen al enemigo" y no implica la existencia de un tratado o alianza formal entre los participantes.

Cuando no buscamos de Dios y de su voluntad para nuestra vida diariamente, escogemos que el dolor nos cambie y no su amor. Dejando de un lado la paz que sobrepasa todo entendimiento nos alejamos del Dios de Paz. La batalla por la paz es la batalla más justa que podemos pelear, siempre y cuando tengamos un corazón de guerrero, un corazón lleno de paz. Es inevitable que los que no pelean por la paz busquen una razón injusta por la cual pelear. La tendencia natural de nuestra naturaleza humana es involucrar a otros en nuestras obras. Cuando somos guiados por el Espíritu de Dios, buscaremos a otros para hacer el bien y establecer su reino; de igual manera, cuando no somos guiados por el Espíritu Santo, buscamos a otros para hacer el mal.

Proverbios 24:6

*Porque con ingenio harás la guerra, y en la **multitud de consejeros** está la victoria.*

Sin embargo, cuando nuestro corazón está en guerra, perdemos esta capacidad de buscar el consejo piadoso, para estar en paz. Al contrario buscamos aliados, aquellos que nos ayudarán a reforzar nuestra posición. Nuestros aliados son aquellos que podemos manipular, para que vean las cosas tal como nosotros las vemos. Son aquellos que nos ayudan a justificar nuestras acciones en contra de otros y afirman, con su corazón en guerra, el nuestro. Son aquellos que ignoran las Escrituras y nos aconsejan con palabras de hombres; palabras llenas de experiencias humanas sin Dios; de vidas pasadas improductivas, cuyas viñas en lugar de higos han producido espinos. Nuestra ceguera y nuestro corazón endurecido nos impiden ver que los que nos aconsejan viven vidas improductivas, turbulentas e inestables. Tampoco podemos visualizar que esos aliados nos pueden ayudar a encontrar una solución, a nuestro problema, tanto como una rana puede ayudar a un tiburón a ser sensible.

En este punto del conflicto, los corazones están ya muy endurecidos. Y ambas partes del conflicto comienzan a buscar aliados, y el conflicto escala del nivel 2 al nivel 10. Lo que comenzó, como un problema de dos, hoy se ha convertido en un problemas de diez.

Lucas 12:53

> *Estará dividido el padre contra el hijo, y el hijo contra el padre; la madre contra la hija, y la hija contra la madre; la suegra contra su nuera, y la nuera contra su suegra.*

Hebreos 12:15

> *Mirad bien, no sea que alguno **deje de** alcanzar la gracia **de** Dios; que brotando alguna **raíz de amargura**, os estorbe, y por ella muchos sean contaminados.*

Estas situaciones ocurren todos los días en nuestras iglesias, donde individuos rebeldes, dominantes, controladores, manipuladores, intimidadores y demandantes buscan a los insatisfechos, infelices, amargados y simples de corazón para formar alianza en contra del pastor, la visión, el gobierno u otro hermano que no esté de acuerdo con ellos, o se les oponga y difiera en forma de pensar, ver u oír. La manera más efectiva de hacer aliados es quejándonos en contra de otros.

2 Samuel 15:2

> *2Y se levantaba Absalón de mañana, y se ponía a un lado del camino junto a la puerta; y a cualquiera que tenía pleito y venía al rey a juicio, Absalón le llamaba y le decía: ¿De qué ciudad eres? Y él respondía: Tu siervo es de una de las tribus de Israel. 3 Entonces Absalón le decía: Mira, tus palabras son buenas y justas; mas no tienes quien te oiga de parte del rey.*

Haciendo un mapa espiritual y emocional de cualquier congregación, el Espíritu Santo nos revelará la infinidad de personas dentro de las congregaciones que se unen y reúnen por afinidad de corazón bajo la influencia del espíritu de Absalón y Jezabel. El común denominador en estos casos es que todos tienen un corazón en guerra. Este fenómeno lo vemos en todas partes: matrimonios, centros laborales, familias enteras, clubes sociales, de amigos y todo tipo de comunidad humana.

Comenzamos a reclutar a otros para que se sientan como nos sentimos; los manipulamos para que sientan en contra de otros, lo mismo que estamos viviendo.

Una vez más, al hacer esto estamos invitando a otros a hacer y crear los mismos problemas que estamos criticando. En este punto, ya no solo tu corazón está en guerra, sino que también has llevado el de otros a la guerra. Dios nos ha dado el don de unir personas para un fin determinado; nosotros decidimos si lo usamos para el bien o para el mal.

Génesis 11:6

> *Y dijo Jehová: He aquí el pueblo es uno, y todos éstos tienen un solo lenguaje; y han comenzado la obra, y nada les hará desistir ahora de lo que han pensado hacer.*

En conclusión, la forma más alta de visión distorsionada de uno que tiene un corazón en guerra es cuando comienza a ver al diablo en su prójimo en lugar de ver a Dios, quien nos creó a su imagen y semejanza. Por ejemplo, vemos a otros como moyos, bolillos, red neck, negros, árabes, terroristas, mejicano, mojado, frente de nopal, indio, fresa, guatemalteco chuco, chapín, chino amarillo, americano arrogante, europeo orgulloso, ignorante, tonto, bestia, chupa cabras, animal. etc. Cuando hacemos esto, estamos viendo a muchos como objetos, obstáculos y seres degradados de toda semejanza de Dios y convertimos a naciones enteras en nuestros enemigos; lo cual es la injusticia más grande que se puede cometer en contra de una nación, ya que no es apropiado juzgar a un pueblo entero por una experiencia particular con un individuo o varias personas de dicho país.

Plan de restauración de Dios para el corazón humano

El reino de Dios se extiende por la fuerza y avanza con violencia, según aquellos que han recibido el reto de ganar corazones para Cristo. No existe rey sin reino y territorio; pastor, sin ovejas; cielo, sin personas. El recurso más valioso del cielo son las almas. Cuando lleguemos a este, no veremos carros ni aviones, sino la gente, el recurso más preciado de Dios. De la misma manera que los reyes de la antigüedad extendían sus territorios, ganando grandes y vastas extensiones de tierra, Cristo Rey de reyes y Señor de señores, extiende su territorio, ganando corazones. La tierra de su reino está hecha de corazones como me mostró en la visión que les compartí anteriormente. Corazones sanos para Cristo, es igual a tierra sana y pastos verdes para el Buen Pastor de nuestras almas. Dios, en su misericordia, se ha dado a la tarea por más de 6000 años de existencia humana, de corregir y restaurar este mar de corazones partidos, llamado planeta tierra.

El plan de restauración de Dios para llevar nuestro corazón al estado original, comienza con Jesús, la segunda Persona de la Trinidad. Dios Hijo se hizo carne para nuestra redención y justificación. Estamos llamados a imitar a Cristo en obediencia y sumisión al Padre. Jesús es la fuente de nuestra paz, la cual es fundamental para llegar a tener un corazón de guerrero.

Isaías 9:5-7

> *Porque un niño nos es nacido, hijo nos es dado, y el principado sobre su hombro; y se llamará su nombre Admirable, Consejero, Dios Fuerte, Padre Eterno, Príncipe de Paz.*

Imitemos y aprendamos de Jesús, quien siendo el Príncipe de Paz, declara que ha venido a traer a la tierra división. *No penséis que he venido para traer paz a la tierra; no he venido para traer paz, sino espada. Mateo 10:33-35*

Aquel que quiere, anhela y desea tener un corazón de guerrero no provoca la guerra con acciones, sino con la Palabra de Verdad. La Palabra de Dios es la espada del Espíritu; cuando traemos espada a la tierra, todo aquel que no tiene un corazón de paz entrará en guerra, ya que no puede recibir a Jesús. Jesús es la Palabra hecha carne, esto es, la Espada de Dios para juzgar a los vivos y a los muertos. Jesús vino a dividir, a separar como al principio. Separando la luz de las tinieblas; lo santo, de lo profano; lo cautivo, de lo libre; lo enfermo, de lo sano; lo perdido, de lo encontrado; los hijos, de las criaturas. Cuando entramos en guerra por causa del evangelio, Jesús nos llama bienaventurados.

Mateo 5:11-12

> *Bienaventurados sois cuando por mi causa os vituperen y os persigan, y digan toda clase de mal contra vosotros, **mintiendo**.12*

Gozaos y alegraos, porque vuestro galardón es grande en los cielos;
porque así persiguieron a los profetas que fueron antes de vosotros.

La clave es notar que los que tienen un corazón de guerrero serán perseguidos y vituperados. Y los que tienen un corazón en guerra viven mintiendo. Mientras todas las calumnias, historias y chismes que digan de nosotros sea ¡MINTIENDO!, Jesús nos llama: Bienaventurados, tres veces felices. Es inevitable: aquel que posea un corazón de guerrero siempre generará controversias.

¿Cuál es la regla de oro para llegar a tener un corazón de guerrero?

Desde los días de Juan el Bautista hasta ahora, el reino de
los cielos sufre violencia, y los violentos lo arrebatan. Mateo
11:11-13

La regla de oro para llegar a tener un corazón de guerrero es tener un corazón que siempre esté en paz. Es uno que está gobernado por la paz de Dios, uno que el Shalom de Dios administra. Uno cuyos tiempos, etapas, estaciones y destino están dirigidos por la rectitud de su Palabra. Solo puede tener un genuino corazón de guerrero el ser humano seguro de sí mismo; con mentalidad de hijo y no de esclavo. Uno que ha recibido la revelación de Jesús, y su identidad está en él; quien es al mismo tiempo león y cordero, siervo y rey, pacificador y guerrero.

En Lucas 24:36, Jesús se aparece a los discípulos. Mientras ellos aún hablaban de estas cosas, Jesús se puso en medio de ellos, y les dijo: "Paz a vosotros". La expresión hebrea "Shalom", probablemente la palabra más conocida y famosa de este idioma significa paz. Es sinónimo de integridad, totalidad, bienestar y prosperidad. Proviene de una raíz que significa, "estar completo," "estar sano". Se refiere a una paz que va más que la mera ausencia de guerra y pelea. Describe una paz que es positiva; un momento, un lugar y una condición caracterizados por el amor, la justicia, la calma, la rectitud, la moral y más. Es una palabra reservada únicamente para aquellos que caminan en Espíritu; que viven sumergidos en su Palabra, que son portadores de su Presencia. Shalom es andar con Dios mismo, por tanto entendemos que alguien con un corazón de guerrero, vive en un continuo "Shalom" una continua paz, que sobrepasa todo entendimiento.

Juan 14:27

> *La paz os dejo, mi paz os doy; yo no os la doy como el mundo*
> *la da. No se turbe vuestro corazón, ni tenga miedo.*

Cristo afirma:

Juan 16:33

> *Estas cosas os he hablado para que en mí tengáis paz. En el*
> *mundo tendréis aflicción; pero confiad, yo he vencido al mundo.*

Alguien que camina en esta revelación entiende lo que significa paz para aquellos que son hijos del reino. El concepto de paz del mundo es diferente; es ausencia de conflictos, guerra, ruidos y problemas. Los que no tienen esta revelación no podrán recibir el Shalom de Dios; ya que esta verdad determinante está escondida, encubierta a sus ojos. Habló Jesús diciendo:

Lucas 19:42

> *¡Oh, si también tú conocieses, a lo menos en este tu día, lo que*
> *es para tu paz! Mas ahora está encubierto de tus ojos.*

Según Isaías 59:8, el pecador no conoce ni puede conocer lo que es tener un corazón en estado de paz. "No conocieron camino de paz, ni hay justicia en sus caminos; sus veredas son torcidas; cualquiera que por ellas fuere, no conocerá paz". Por tanto, un discípulo con corazón de guerrero es un embajador de paz. Es uno aprobado por el Padre; enviado por el Hijo; y amigo del Espíritu Santo. Hemos recibido la misma comisión de Jesús, lo cual quiere decir que podemos hacer las mismas obras que Jesús logró en su Nombre.

Juan 20:21

> *Entonces Jesús les dijo otra vez: Paz a vosotros. Como me envió*
> *el Padre, así también yo os envío.*

¿A qué nos comisionó Jesús?

Mateo 10:7-8

> *Y yendo, predicad, diciendo: El reino de los cielos se ha*
> *acercado. 8 Sanad enfermos, limpiad leprosos, resucitad muertos,*
> *echad fuera demonios; de gracia recibisteis, dad de gracia.*

Cristo nos ha enviado a predicar su evangelio y a establecer su reino. Alguien con un corazón de guerrero tiene que estar involucrado en esta tarea de Mateo 10:7 dando de gracia lo que de gracia ha recibido.

¿Qué hemos recibido de gracia?

Juan 20:19

> *Cuando llegó la noche de aquel mismo día, el primero de la*
> *semana, estando las puertas cerradas en el lugar donde los discípulos*
> *estaban reunidos por miedo de los judíos, vino Jesús, y puesto en*
> *medio, les dijo: Paz a vosotros. 20 Y cuando les hubo dicho esto, les*
> *mostró las manos y el costado. Y los discípulos se regocijaron viendo*
> *al Señor. 21 Entonces Jesús les dijo otra vez: Paz a vosotros. Como*
> *me envió el Padre, así también yo os envío. 22 Y habiendo dicho*
> *esto, sopló, y les dijo: Recibid el Espíritu Santo.*

Lo que hemos recibido de gracia es su paz en el Espíritu Santo. El Espíritu Santo, quien muchas veces en la Escritura está representado como una paloma, es la máxima manifestación de paz en la tierra; la paloma es el símbolo de paz más conocido del mundo. Es de conocimiento general que la paloma con el ramo de olivo en la boca representa la paz dada por Dios a los hombres.

Génesis 8:11

> *Y la paloma volvió a él a la hora de la tarde; y he aquí que*
> *traía una hoja de olivo en el pico; y entendió Noé que las aguas se*
> *habían retirado de sobre la tierra.*

Después del diluvio, Noé envió en varias ocasiones una paloma, como señal de paz, la cual continuó regresando hasta que halló reposo en la tierra. Esto es tipología de todas las veces que Dios ha enviado paz a la tierra; y la humanidad la ha rechazado. Es la misma paloma que encontró reposo sobre los hombros de Jesús el Príncipe de paz.

Mateo 3:16

> *Y Jesús, después que fue bautizado, subió luego del agua; y*
> *he aquí los cielos le fueron abiertos, y vio al Espíritu de Dios que*
> *descendía como paloma, y venía sobre él.*

Hemos visto el significado de paz en hebreo, sin embargo ahora veremos su significado en griego para el Nuevo Testamento:

Paz: El término "Irene" significa "Paz a vosotros", la misma palabra usada por Jesús en Juan 20.

También significa la presencia de paz en un hogar:

1 Corintios 7:15 15

> *Pero si el incrédulo se separa, sepárese; pues no está el hermano*
> *o la hermana sujeto a servidumbre en semejante caso, sino que a*
> *paz nos llamó Dios.*

Paz: Cese de un conflicto nacional o interpersonal:

Lucas 14:32

> *Y si no puede, cuando el otro está todavía lejos, le envía una*
> *embajada y le pide condiciones de paz.*

Romanos 14:19

> *Así que, sigamos lo que contribuye a la paz y a la mutua*
> *edificación.*

> *Por tanto un discípulo con corazón de guerrero está llamado a*
> *buscar no solo la santidad, sino también la paz.*

Hebreos 12:14

> *Seguid la paz con todos, y la santidad, sin la cual nadie verá*
> *al Señor.*

Romanos 8:6

> *Porque el ocuparse de la carne es muerte, pero el ocuparse del Espíritu es vida y paz.*

Nuestra responsabilidad no es buscar solo la santidad; entendamos que no hay verdadera santidad, sin paz. Dios es Santo, es la máxima expresión de su persona, Santo, es quien Dios es. Santidad es la manifestación de su Persona; porque la paz es el resultado de andar en santidad; entre los hebreos se reveló Jehová, como Jehová Shalom, Jehová es Paz. Las iglesias que abundan en la Presencia de Dios por su Santo Espíritu son edificadas y fortalecidas en paz.

Hechos 9:31

> *Entonces las iglesias tenían paz por toda Judea, Galilea y Samaria; y eran edificadas, andando en el temor del Señor, y se acrecentaban fortalecidas por el Espíritu Santo.*

La Iglesia de Cristo es la semilla del reino en la tierra; es la máxima expresión de lo que Dios anhela en relación con la humanidad. En la iglesia experimentamos un pedacito de cielo; un adelanto del reino que está por manifestarse, reino que al mismo tiempo está aquí. El reino se manifiesta en justicia, paz y gozo en el Espíritu Santo; quien con su presencia regula el ambiente espiritual de una ciudad, trayendo cobertura y orden sobre las regiones celestes, sobre los aires y el territorio que la Iglesia de Cristo está por tomar.

Jeremías 29:7

> *Y procurad la paz de la ciudad a la cual os hice transportar, y rogad por ella a Jehová; porque en su paz tendréis vosotros paz.*

La paz no significa lo mismo para todos; para quienes están en guerra, y tienen un corazón en guerra significa cese del fuego; para los que llevan vidas agitadas, un poco de calma; para los de mente perturbada, paz mental, paz interior, tranquilidad, silencio y libertad de perturbación. Los líderes gubernamentales con un corazón de guerrero entienden la paz como la manifestación gloriosa del Espíritu Santo en sus vidas. Se trata de una paz que no depende de las circunstancias, una paz que viene del cielo y que fluye del interior de aquellos que han entregado su vida al Príncipe de Paz.

Ya vimos las cualidades esenciales de una persona con un corazón en guerra contra Dios y el mundo.

Veamos ahora las características de un líder gubernamental con corazón de guerrero.

¿Cuáles son las cualidades esenciales de un discípulo con corazón de guerrero?

1. Es uno que está sometido a la autoridad; que continuamente busca hacer el bien, abrazando la visión, protegiendo la unidad familiar y ministerial.

2. Uno que no tiene miedo a la guerra, a enfrentar la vida por causa de las promesas de Dios.

3. Es uno que ha recibido la revelación de Dios Padre; y le conoce como Jehová Nissi, como su bandera de victoria en las tribulaciones de la vida. Uno que conoce que *Jehová es varón de guerra; Jehová es su nombre* (Éxodo 15:3).

4. Uno que guarda su corazón del pecado con sinceridad a pesar de nuestra tendencia carnal al pecado, y provoca a Dios mismo a guardarle a él. Génesis 20:6. *Y le dijo Dios en sueños: Yo también sé que con integridad de tu corazón has hecho esto; y yo también te detuve de pecar contra mí, y así no te permití que la tocases.*

5. Uno que no se vuelve atrás; que ha roto todo compromiso con el mundo, y ha determinado que su alma le pertenece a Cristo y a nadie más.

6. Alguien que en su corazón no se vuelve a Egipto, pase lo que pase, vea lo que vea; este punto es de extrema importancia, ya que muchos al ver los problemas de la iglesia —el chisme, la desorganización humana, los errores pastorales— se desaniman y se vuelven al mundo.

Éxodo 13:17. *Y luego que Faraón dejó ir al pueblo, Dios no los llevó por el camino de la tierra de los filisteos, que estaba cerca; porque dijo Dios: Para que no se arrepienta el pueblo cuando vea la guerra y se vuelva a Egipto.*

7. Uno cuyo corazón clama, diciendo:¡*Bendito el rey que viene en el nombre del Señor; paz en el cielo, y gloria en las alturas!* Lucas 19:38

8. Uno que hace avanzar el reino de Dios por la fuerza; a pesar del cansancio, los problemas personales, familiares, financieros y aún a costa de su propia vida.

9. Es uno que no solamente tiene la razón, sino que la comunica sin pecado; y sin menospreciar, insultar, herir las emociones y los sentimientos de otros.

10. Es uno que, a pesar de las diferencias de opinión y perspectiva, puede ver a otros como personas, como hijos de Dios aun en medio del conflicto.

11. Alguien que no olvida todo el bien que una persona le ha hecho, cuando entra en conflicto con ella.

Conclusiones:

Todas estas cualidades están intrínsecamente conectadas a tres características esenciales de lo que es ser un líder del reino: es Amigo del Espíritu Santo; tiene la mentalidad del reino; y un corazón de guerrero.

Dios me ha dado el privilegio de formar muchos líderes a todos niveles. En el proceso, he encontrado que estos son las tres cualidades fundamentales que todo discipulado debe tener, si verdaderamente estamos buscando establecer el reino de Dios en el siglo 21.

III
EL PODER DE LA HONRA A DIOS

A raíz de la discusión apasionada en los círculos religiosos sobre el mandamiento, la eficacia y la vigencia de la práctica y mandamiento del diezmo, me ha parecido bien a mí y al Espíritu Santo, dedicar un poco de tiempo a hacer un estudio de esta práctica divina en todo aquel que ama y se entrega al Señor. El primer punto que quiero establecer es la necesaria aclaración de que no hay tal cosa como Antiguo y Nuevo Testamento. Esta distinción es hecha por los hombres para distinguir entre dos grupos de documentos históricos dados por Dios a los hombres; pero la Biblia es una.

2 Timoteo 3:15-17.

> *Toda la Escritura es inspirada por Dios, y útil para enseñar,*
> *para redargüir, para corregir, para instruir en justicia,*

El propósito de Dios es instruirnos, enseñarnos y persuadirnos de su Ley para que lleguemos a ser mejores hacedores de su voluntad como agentes del reino en la tierra. En otro lugar dice:

> *Oye, Israel: Jehová nuestro Dios, Jehová uno es. 5 Y amarás a*
> *Jehová tu Dios de todo tu corazón, y de toda tu alma, y con todas*
> *tus fuerzas. 6 Y estas palabras que yo te mando hoy, estarán sobre*
> *tu corazón; 7 y las repetirás a tus hijos, y hablarás de ellas estando*
> *en tu casa, y andando por el camino, y al acostarte, y cuando te*
> *levantes. 8 Y las atarás como una señal en tu mano, y estarán como*
> *frontales entre tus ojos; 9 y las escribirás en los postes de tu casa, y*
> *en tus puertas. Deuteronomio 6:4-9*

Toda la Escritura al ser una, y ser "Ley Divina," es obligación para todo ciudadano del reino; especialmente para los malos y desobedientes; ya que la ley fue hecha por causa de los injustos y no de los rectos. Jehová podría obligar a todos a cumplir su Palabra con la misma facilidad que dijo en **Génesis** 1 "sea la Luz, y fue la Luz". Ahora bien, al hacerlo pondría al hombre en el mismo nivel que la Luna, el Sol y el viento. Despojado de todo conocimiento, afecto y libertad para elegir entre el bien y el mal. Y por tanto, libre de toda consecuencia, virtud y justo castigo. Jehová, el Dios de los cielos, demanda completa entrega, adoración y obediencia.

1 Samuel 15:22

> *Y Samuel dijo: ¿Se complace Jehová tanto en los holocaustos y víctimas, como en que se obedezca a las palabras de Jehová? Ciertamente el obedecer es mejor que los sacrificios, y el prestar atención que la grosura de los carneros.*

Para entender el principio del diezmo, hay que partir del concepto obediencia. El diezmo como principio no es más que entregar a Dios el diez por ciento de lo que producimos. A algunos les parece una acción que no tiene vigencia: entregar a Dios el diez por ciento de nuestros bienes cuando en realidad por derecho legal todo le pertenece a Jehová.

Salmo 24:1

> *De Jehová es la tierra y su plenitud; El mundo, y los que en él habitan.*

Pregunto ¿qué es más importante los bienes o la vida? ¿ el dinero o nuestra alma? Acaso no está escrito en **Mateo 6:24-26**:

> *No os afanéis por vuestra vida, qué habéis de comer o qué habéis de beber; ni por vuestro cuerpo, qué habéis de vestir. ¿No es la vida más que el alimento, y el cuerpo más que el vestido?*

Entonces concluimos que si Jehová demanda el cien por ciento de nuestra vida, cuanto más el 100 por ciento de nuestros bienes. ¿Por qué no lo hacemos de una vez? El problema es que al hombre le es imposible cumplir la Ley de Dios, porque sus caminos son más altos que nuestros caminos; y sus pensamientos más altos que nuestros pensamientos, y lo que es imposible para el hombre es posible para Dios. Jehová que es misericordioso y conoce la dureza de nuestro corazón, solo pide el diez por ciento de nuestras ganancias; porque a nosotros se nos hace imposible darlo todo. Solo ha existido un hombre capaz de dar, no solo el 10 por ciento de su vida, como hacemos muchos, sino el 100 por ciento por amor al Padre y a nosotros. Su nombre es Jesús.

Juan 6:51

> Yo soy el pan vivo que descendió del cielo; si alguno comiere de este pan, vivirá para siempre; y el pan que yo daré es mi carne, la cual yo daré por la vida del mundo.

Siguiendo esta línea de pensamiento me propongo demostrar lo siguiente: que la práctica del diezmo es una práctica espiritual vigente en la iglesia de Cristo desde tiempos antiguos; que tiene su base en las Santas Escrituras y que es una práctica que precede a la Ley Mosaica; que, por tanto, no pudo haber sido abolida por Cristo en su primera venida, sino más bien corregida, para que la practicáramos en profunda santidad y reverencia. Jesús no condenó la práctica misma del diezmo, sino el legalismo farisaico en la que caemos muchos al amar más la práctica del diezmo, que el amor al prójimo.

1 Timoteo 6:9-11

> Porque raíz de todos los males es el amor al dinero, el cual codiciando algunos, se extraviaron de la fe, y fueron traspasados de muchos dolores.

Amar el diezmo más que al ser humano es una práctica que denota falta de entendimiento y constituye un acto de abominación a Dios. El diezmo fue hecho por causa del hombre, y no el hombre por causa del diezmo. Quien ama el diezmo, y no la práctica espiritual de agradar a Dios en amor por medio de la obediencia termina extraviándose de la fe y ocasionando muchos males. Muchos de los que vienen a este hermoso país, buscando el "Sueño Americano", se extravían olvidando a Dios. Aquellos que eran fervientes adoradores de Cristo en la pobreza, al llegar a la prosperidad, olvidan al Dios al cual le rogaron, a Aquel que les permitió llegar. Hoy llenos de excusas y cansancio a causa del trabajo duro han dejado de congregarse y de servir al Dios que les dio la vida. Muchos de estos buscan un aliciente escuchando el poderoso programa de televisión cristiana, "Enlace", y se conectan con una Iglesia en línea para recibir el poderos mensaje del evangelio. Pregunto, ¿que hay de malo en esto? Lo malo es que no somos miembros de ninguna iglesia; no le damos cuenta a nadie de nuestro crecimiento espiritual, y peor aun no ganamos almas. El problema es que, en línea, no podemos testificar al perdido, y mucho menos servir a Cristo. ¿Cómo podemos poner el mensaje recibido en práctica, de manera que añada salvos a la iglesia de Cristo? No es posible, pues el que usa esta práctica como un estilo de vida, al compartir el mensaje no puede conectar al nuevo creyente con una iglesia, pues está desconectado del cuerpo.

Llegamos a esta tierra amando al dinero más que a Dios, y nos perdemos en la vanagloria del tiempo presente. No cabe duda de que hemos prosperado, y tenemos mucho más de lo que teníamos al llegar. Entonces ¿por qué no ser fiel el principio del diezmo? Creo que debemos practicar el principio del diezmo, y más bien afirmarlo como una expresión de agradecimiento a Jehová, dando el diez por ciento, del cien por ciento que Él nos ha dado. Algo que, sin duda, es poca cosa que dar, a Aquel que nos dio no solo bienes, sino la vida.

Jesús advirtió que el diezmo estricto debe acompañar a la preocupación por las demandas más importantes de la ley, como lo es, una vida justa y misericordiosa *(Gorman, pg.182)*.

En ese capítulo, Mateo 23:23 Jesús lanza la más violenta condenación en contra de la religiosidad de los escribas y fariseos, hoy conocido como los siete ayes de Jesús para juicio. Uno de estos se refiere al diezmo. Veamos:

> *23 ¡Ay de vosotros, escribas y fariseos, hipócritas!* **porque diezmáis la menta y el eneldo y el comino**, *y dejáis lo más importante de la ley: la justicia, la misericordia y la fe.* **Esto era necesario** *hacer,* **sin dejar de hacer aquello.**

Lea este pasaje con un corazón sincero y abierto; y podrá entender que Jesús no está condenando la práctica del diezmo, como lo he demostrado antes. Gorman dice que no hay que dejar de practicar lo bueno de la ley que es la misericordia; y nadie pone en duda que el diezmo es un medio para hacer misericordia en la iglesia.

Prestemos especial atención a las palabras finales de Jesús al condenar la religiosidad del diezmo, donde cierra diciendo: **"Esto era necesario hacer"** ¿qué cosa? **"la justicia y la misericordia" "sin dejar de hacer aquello"**, ¿qué es aquello? **"el diezmar". En** este caso la menta, el eneldo y el comino que eran especias aromáticas especiales de alto valor mercantil, pero insignificantes ante el valor de la justicia y la misericordia delante de Dios. En otro caso, el fariseo de **Lucas 18:12** clamaba: "ayuno dos veces a la semana, doy diezmos de todo lo que gano". Jesús toma a este fariseo como un ejemplo de buenas obras, dignas de agrado delante de Dios, de las cuales el fariseo se sentía orgulloso. Cuando dice "doy diezmo de todo lo que gano" está dándose golpes de pecho porque da más de lo debido. En esta parábola de Jesús, vemos una vez más que diezmar es mayor que ofrendar. Jesús no condena aquí la práctica del diezmo, sino el orgullo de poner su confianza en las obras para Dios, en lugar de ponerla en el Dios de las obras. El **verso 14:** "Os digo que este descendió a su casa justificado antes que el otro; porque cualquiera que se enaltece, será humillado; y el que se humilla será enaltecido" implica que el fariseo regresa a casa sin el perdón de Dios por sentirse orgulloso de sus obras; y, por lo tanto, inmerecedor del perdón de Dios por causa de ellas. Ya que estas eran lo suficientemente buenas para atreverse a ir delante de Dios con aires de justicia, por cumplir sus mandamientos. A diferencia del publicano quien sí fue perdonado por Dios, por su corazón contrito y humillado; este no había hecho obra alguna para confiarse, toda su confianza estaba en la misericordia de Dios. Por tanto, concluyo que todo aquel que diezma con un corazón humilde delante de Dios recibirá alabanza de Cristo en su venida. Era un deber pagar los diezmos ayer, y lo sigue siendo hoy.

Según hayamos sido prosperados, debemos dar abundantemente para sostener la obra de Dios y el mantenimiento de sus ministros. Si alguien quiere ofrendar en lugar de diezmar, debe por demás ser celoso, y practicar el principio de dar en la misma proporción en que ha recibido bendición de Dios.

1 de Corintios 16: 2

Cada primer día de la semana cada uno de vosotros ponga aparte algo, según haya prosperado, guardándolo, para que cuando yo llegue no se recojan entonces ofrendas.

Cabe aclarar, que esta ofrenda era una ofrenda especial que se recogía para la visita del apóstol y no era la ofrenda regular de la iglesia que se recogía cada domingo.

1 de Corintios 16:3-4

> *Y cuando haya llegado, a quienes hubiereis designado por carta, a éstos enviaré para que lleven vuestro donativo a Jerusalén. 4 Y si fuere propio que yo también vaya, irán conmigo.*

Hay algunos que se pierden en el detalle de no recoger ofrendas en las iglesias, en lugar de hacer énfasis en este principio verdadero, que demanda mayor obediencia, que es el principio de dar; dar, conforme nos haya prosperado Jehová: quien recibió mucho, dé mucho y quien poco dé poco. Principio que se afirma también en el libro de **Deuteronomio 16:17**

> *Cada uno con la ofrenda de su mano, conforme a la bendición que Jehová tu Dios te hubiere dado.*

Quiero destacar, además, que los rabinos del período del Nuevo Testamento interpretaron que las leyes se referían a tres diezmos separados:

Un diezmo levítico, un diezmo que se usaba celebrando en Jerusalén, y un diezmo de caridad (Gorman, pg.182). **Malaquías 3:8** equipara la negación del diezmo con robo a Dios.

¿Cuándo comienza la práctica del diezmo? ¿Comienza con la Ley? ¿Lo estableció Moisés? ¿Lo continuó Leví? Lo reconoció Cristo? ¿Lo practicaron los apóstoles?¿Lo tenemos que practicar nosotros hoy? ¿Tienen que diezmar los pastores? Estas y muchas otras preguntas la estaremos respondiendo en este capítulo.

Concepto del Diezmo[1]: Es el acto profético de agradecimiento de dar a Jehová la "décima parte de todo lo recibido", especialmente apartada para Dios. El diezmo no es más que la décima parte de los ingresos recibidos, por nuestro trabajo, regalos, bendiciones materiales y de cualquier índole.

---

[1]   Concepto desarrollado por el pastor Dr. Álvarez después de estudiar arduamente las Escrituras en cuanto a lo referente al "diezmo"

La revelación comienza con entender lo que significa el número "10" en la Escritura. Significa completo, perfección, unidad, fuerza. Diez son los mandamientos de Dios, diez eran las vírgenes que esperaban al esposo, diez eran los leprosos que no le dieron la gloria a Dios. Concluimos que diez y diezmo, es solo un número específico para cuantificar lo que le damos a Jehová, por causa del orden, la contabilidad financiera y monetaria de los bienes que entran al templo de Jehová. No es más que una porción agradable que damos a Dios; la cual tiene que ser perfecta, constante y con reverencia, como lo eran las vírgenes de Dios; para dar la gloria a Dios que no dieron los diez leprosos; y como una expresión de nuestra intención sincera del corazón, de cumplir los Diez mandamientos que solo ha podido cumplir Cristo.

Por otro lado, podemos argumentar que las matemáticas como las conocemos hoy fueron descubiertas para expresar lo que las letras no podían. Es por esa razón que detrás de cada número hay un significado, por ejemplo el "0" significa vacío, y fue inventado por los hindúes en año 500. Solo menciono esto, para demostrar que en realidad lo que hacemos con la práctica del diezmo, es cuantificar lo que damos a Dios; y por consiguiente esta práctica no puede ser abolida, ya que jamás podemos dejar de dar a Dios.

De ahí, la famosa distinción entre diezmo y ofrenda, la última no es más que un ejercicio del libre albedrío del hombre para darle a Dios, lo que nace de su corazón; pero seamos sinceros, hemos visto, después de 6 mil años de existencia humana, que del corazón del hombre no sale nada bueno.

Génesis 6:4-6

Y vio Jehová que la maldad de los hombres era mucha en la tierra, y que todo designio de los pensamientos del corazón de ellos era de continuo solamente el mal.

Jeremías 17:8-10

Engañoso es el corazón más que todas las cosas, y perverso; ¿quién lo conocerá?

¿Y debemos esperar que del corazón del hombre nazca la ofrenda? ¡Cuánto más el diezmo! Queda demostrado que si la ofrenda nace del corazón del hombre, siempre será inferior a la porción perfecta, "diezmo" que demanda Dios, de mano del hombre por libre voluntad, obediencia y revelación.

He visto en diez años de ministerio que en un 99% de los casos los que defienden la ofrenda, por encima del diezmo, dan menos, dan indisciplinadamente y su ofrenda refleja su falta de compromiso. Y los que no son así, solo le llaman ofrenda a lo que, si miramos profundamente, en su práctica personal es su diezmo, no en números decimales; sino en números perfectos, porque es constante, disciplinada y abundante. Es una ofrenda que refleja los números del corazón, que cuantifican su amor por el Padre. Aquellos, que como expliqué anteriormente, semana tras semana, mes tras mes, entregan de su perfecta voluntad, una porción excelente separada para Dios, de manera constante, consistente y que refleja compromiso.

Estos son diezmadores, se llamen ellos mismos así, o no; ya que al final los nombres, no cambian la esencia de las cosas. Por ejemplo, yo, aunque me cambie el nombre, y me deje de llamar Iosmar Álvarez, no dejaré de ser aprobado por el Padre, enviado por el Hijo y amigo del Espíritu Santo. Tampoco dejaré de tener el llamamiento del Dios Omnipotente, el Dios de Abraham, de Isaac y de Jacob.

En breve hablaremos de Abraham y de Jacob, dos de nuestros patriarcas, quienes diezmaron por la fe y la revelación en el Espíritu, antes de la Ley de Moisés. Esta revelación que Dios tiene reservada para los que le aman, y guardan sus mandamientos; para los que buscan con un corazón sincero dar más, en lugar de dar menos.

Me propongo ahora dar respuestas a las preguntas anteriores. ¿Dónde comenzó el diezmo? ¿Antes de la Ley o después de la Ley? ¿Antes de Moisés? ¿Después de Moisés?

La respuesta es sencilla, pero muchas veces es difícil ver la Biblia como un todo. La mayoría de los que quieren poner el diezmo como un mandato de la Ley, instituido por Moisés, caen en el mismo error que confronta el apóstol Pablo en el Libro de Romanos y otras cartas apostólicas.

¿Cuál es el error?

El error de atribuir a la Ley lo que comenzó por la fe. El diezmo comienza con Abraham, el padre de la Fe, y no con el padre de la Ley, que fue Moisés. Abraham viniendo de la victoria que por derecho legal le pertenecía, se encontró con Melquisedec, quien le dijo: bendito sea el Dios Altísimo, que entregó tus enemigos en tu mano. Y le dio Abraham los diezmos de todo. **Génesis 14:19-21**.

¿Cómo recibió Abraham la revelación de diezmar a Dios, si todavía no existía la Ley, si Moisés aún estaba en sus lomos y nacería cientos de años después?

Gálatas 3:17

> Esto, pues, digo: El pacto previamente ratificado por Dios para con Cristo, la ley que vino cuatrocientos treinta años después, no lo abroga, para invalidar la promesa.

La respuesta es clara, Abraham lo aprendió de la misma persona que Abel. Abel recibió la revelación de dar mejor ofrenda que Caín del Espíritu Santo de Dios. Pregunto, ¿como Abel supo cuánto dar y Caín, no?

> Y Abel trajo también de los primogénitos de sus ovejas, de lo más gordo de ellas. Y miró Jehová con agrado a Abel y a su ofrenda;
> Génesis 4:3-5

Más tarde veremos esta acción de Abel que aquí se le llama ofrenda, convertirse en la porción que Jehová demanda de mano de su pueblo en honor a Abel; y que hoy llamamos "diezmo". Y que diremos de Noé, quien escogió los animales puros, sobre los impuros, para entrar al arca por la fe como lo hizo Abel.

Génesis 7:2 2

> De todo animal limpio tomarás siete parejas, macho y su hembra; mas de los animales que no son limpios, una pareja, el macho y su hembra.

Lo supo por revelación del Espíritu Santo, Jehová le habló y Noé obedeció. Y que hay de Jacob, quien huyendo de su hermano Essaú, pactó con Dios con sus diezmos; y regresó siendo el hombre más rico de la tierra años después.

Génesis 28:22

> Y esta piedra que he puesto por señal, será casa de Dios; y de todo lo que me dieres, el diezmo apartaré para ti.

Con el testimonio de estos hombres de Dios, queda demostrado que la revelación del diezmo precede a la ley, y los que la practicaron lo hicieron por la fe, y no por las obras de la Ley Mosaica. **Por tanto, concluyo que la vigencia y práctica del diezmo viene por la fe y no por la ley.** Por cuanto se dice de Abraham quien es nuestro modelo antes que Moisés

Gálatas 3:7

Sabed, por tanto, que los que son de fe, éstos son hijos de Abraham. Esto se dice ya que estamos bajo la gracia la cual se recibe por fe y no por la ley.

Romanos 4:13

Porque no por la ley fue dada a Abraham o a su descendencia la promesa de que sería heredero del mundo, sino por la justicia de la fe. 14 Porque si los que son de la ley son los herederos, vana resulta la fe, y anulada la promesa.15 Pues la ley produce ira; pero donde no hay ley, tampoco hay transgresión.16 Por tanto, es por fe, para que sea por gracia, a fin de que la promesa sea firme para toda su descendencia; no solamente para la que es de la ley, sino también para la que es de la fe de Abraham, el cual es padre de todos nosotros.

Entonces, es por gracia que diezmamos, como lo hizo Abraham, quien diezmó a Melquisedec los diezmos de todo, como lo hizo Jacob; porque les nació del corazón revelado por el Espíritu Santo y asistido por su gracia, pues entendemos que de nosotros mismos no puede producirse, una porción tan excelente, sin intervención divina.

El diezmo y la ley Mosaica[2]:

Al estudiar la práctica del diezmo no quiero que perdamos de vista el propósito del diezmo. El propósito y la finalidad con el cual se usaban los

---

[2]   *Diccionario Conciso Holman*, publicado por Braodman & Holman publishers Nasville, Tennessee 2001.

fondos provenientes de los diezmos desde los tiempos antiguos se visualiza en las Sagradas Escrituras. Veamos,

Números 18:20-32

> *Y he aquí yo he dado a los hijos de Leví todos los diezmos en Israel por heredad, por su ministerio, por cuanto ellos sirven en el ministerio del tabernáculo de reunión.*

Aquí se provee para el sostén de los levitas y los sacerdotes a través del diezmo. Pregunto, si Jehová eliminó el diezmo que era para el sostén de los "levitas" ¿no debió también eliminar el sacerdocio? Creemos que Dios es un Dios de propósitos; me resulta extraño que Jehová haya eliminado el sustento a los levitas, y no el sacerdocio. Es igual a decir, que Jehová dejó a los levitas sin sustento hoy, porque ahora tienen que vivir por fe. Los dejó a merced de la caridad que nace del corazón del que ofrenda a Dios.

Deuteronomio 14:22-27 nos habla del diezmo, del producto agrícola que debía ser usado para la fiesta familiar en el santuario, celebrando la provisión de Dios. Pregunto, ¿Hoy no tenemos que celebrar la provisión de Dios? Creo que más que nunca, sobre todo en esta economía que vivimos hoy. Una economía postcristiana, amoral y decadente, donde reina la inflación y la crisis económica. Tenemos un millón de razones para diezmar, y con ello, reconocer y celebrar la provisión de Dios. La diferencia es que nuestra sociedad no es agrícola como en los tiempos bíblicos; más bien es fundamentalmente mercantilista, donde gobierna el poder monetario. Hoy no traemos al altar los frutos de la tierra, sino de nuestras jornadas empresariales que se traducen en finanzas.

Además, vemos en Deuteronomio 14:28-29 que el diezmo del tercer año era para el cuidado de los levitas, los huérfanos, las viudas y los extranjeros.

Hermanos, Dios no puede ser burlado, estos pasajes encierran una verdad mayor y más inminente que demostrar que el diezmo es un mandamiento de Dios antiguo de la Ley. La verdad que encierra es que el diezmo es un medio para ayudar a los necesitados; ¿hay menos necesitados hoy que ayer? ¿acaso Dios ha acortado la ayuda a los necesitados, quitando el diezmo, y dejando solo la ofrenda? ¿Es que ya no hay viudas, huérfanos y extranjeros?

En verdad afirmo, por causa de la evidencia demostrada, que Moisés retomó lo que era por la fe, y lo hizo un mandamiento por medio de la

Ley, para que la carga de los necesitados fuera suplida sin contratiempos; Moisés quería que la carga de los desvalidos, la sintiéramos nosotros. Por eso está escrito que la Ley es una carga que ni Israel ni nosotros hemos podido llevar.

Hechos 15:10

> *Ahora, pues, ¿por qué tentáis a Dios, poniendo sobre la cerviz de los discípulos un yugo que ni nuestros padres ni nosotros hemos podido llevar?*

En realidad el principio de vida encerrado en esta verdad es que la carga de todos los necesitados del mundo, nadie la puede llevar, solo Dios mismo. Concluyo, que el diezmo es un medio para sustentar a los necesitados de este mundo; y que mientras haya necesitados habrá necesidad de: diezmos, ofrendas, limosnas, primicias, semillas de fe financieras, donaciones, testamentos, regalos, etc. y aun así, no podremos satisfacer la necesidad mundial.

De la misma manera, reafirmo que es un error hacer el énfasis en la práctica de diezmo como un acto, frío, asilado, sin causa, ni propósito; hecho solo por cumplir con una obligación. El diezmo fue instituido por causa del hombre y para el hombre, y no solo por causa de la Ley. Cualquiera que lea detenidamente los 5 primeros libros de la Biblia, encontrará que la razón detrás de la Ley de Moisés es la rebeldía del pueblo a Dios.

Luego, más tarde, el autor de Hebreos menciona este hecho de la práctica del diezmo, no como evidencia de que se practicaba antes y ahora no; más bien, nos está enseñando, que hoy la práctica del diezmo volvió a sus orígenes por causa de un mejor sacerdote y portador de promesas más excelentes.

Veamos lo profundo de su enseñanza:

- Primero, entendemos que Melquisedec es un tipo de lo que representa Cristo.

Hebreos 7:1-2

> *Porque este Melquisedec, rey de Salem, sacerdote del Dios Altísimo, que salió a recibir a Abraham que volvía de la derrota de*

los reyes, y le bendijo, 2a quien asimismo dio Abraham los diezmos de todo; cuyo nombre significa primeramente Rey de justicia, y también Rey de Salem, esto es, Rey de paz. En este pasaje, se revela que Melquisedec representa a Cristo, Rey de Paz y Justicia, 3 sin padre, sin madre, sin genealogía; que ni tiene principio de días, ni fin de vida, sino hecho semejante al Hijo de Dios, permanece sacerdote para siempre.

- Segundo, Melquisedec es el modelo de sacerdocio por el cual fue escogido Cristo; y no por el sacerdocio de Moisés, quien representa la ley. Y quien estableció a Aarón, y los levitas, como herederos perpetuos de la ministración del altar en la Casa de Dios.

Hebreos 7:17

Tú eres sacerdote para siempre (hablando de Jesús). Según el orden de Melquisedec, Jesús vino de la tribu de Judá de la cual nada se dijo tocante al sacerdocio.

Hebreos 7:14

Porque manifiesto es que nuestro Señor vino de la tribu de Judá, de la cual nada habló Moisés tocante al sacerdocio.

- Tercero, la figura de Melquisedec, es mencionada aquí para afirmar que Cristo, tiene un orden legítimo aunque no viene de Moisés; ya que es según el sacerdocio de Melquisedec.

- Cuarto, con la misma autoridad que Melquisedec ofreció pan y vino a Abraham, Cristo lo ofrece a nosotros hoy; lo cual es una revelación de la mesa de Cristo para la Iglesia, llamada "Santa Cena". Con la venida de Cristo más tarde en el Nuevo Testamento; Cristo la instituiría como una ordenanza y un sacramento de la Iglesia.

- Quinto, con la misma autoridad que Abraham participó del pan y el vino; y entregó los diezmos de todo a Melquisedec, también nosotros, semilla de Abraham y coherederos con Cristo, estamos llamados a practicar la Santa Cena; y entregar los diezmos en el altar a los pies de Cristo, como lo hizo Abraham con Melquisedec.

Gálatas 3:29

Y si vosotros sois de Cristo, ciertamente linaje de Abraham sois, y herederos según la promesa.

Por consiguiente debemos traer los diezmos como lo hizo Abraham.

- Sexto, es por esta razón que la práctica del diezmo ha sido una práctica de la Iglesia por 2000 años; y no lo puede invalidar nadie, incluyendo a Cristo, ya que negaría la inerrancia de su propia Ley.

Gálatas 3:15

Hermanos, hablo en términos humanos: Un pacto, aunque sea de hombre, una vez ratificado, nadie lo invalida, ni le añade.

Podemos continuar argumentando que si el sacerdocio de Cristo está establecido en base al modelo de Melquisedec, quien recibió los diezmos de Abraham y no los rechazó; Cristo hoy, también tiene la honra y el derecho de recibir sus diezmos. Siendo representante de Jehová para un mejor pacto y sacerdocio.

Hebreos 7:22 *Jesús es hecho fiador de un mejor pacto.*

Del pasaje anterior, se concluye que los diezmos hoy son más excelentes, que cuando los instituyó Moisés como una ley; que en numerosas veces he aclarado y demostrado vehementemente, por medio de las Escrituras, que esta ley la comenzó Abraham, quien representa la "fe" y no Moisés quien representa la "ley". Es una ley superior, la ley que viene por la fe; y no por las obras de la ley.

Afirmo que si Abraham es nuestro modelo y ejemplo, nosotros debemos también seguir sus prácticas; y entregar a Cristo, los diezmos de todo como Abraham se los entregó a Melquisedec en **Génesis 14:18-21**. Si consideramos que Abraham era grande entre los hombres; más grande era Melquisedec quien recibió los diezmos de Abraham.

Hebreos 7:4

> *Considerad, pues, cuán grande era éste, a quien aún Abraham*
> *el patriarca dio diezmos del botín.*

Vemos que el escritor de Hebreos, lejos de afirmar la abolición de los diezmos por causa de la ley; al mencionar la relación de pacto entre Abraham y Melquisedec, más bien está afirmando la práctica del diezmo y no negándola; vemos que el escritor de Hebreos concluye que Cristo continua recibiendo diezmos hoy.

Hebreos 7: 8

> *Y aquí ciertamente reciben los diezmos hombres mortales;* **pero**
> **allí**, *uno de quien se da testimonio de que vive.*

¿Dónde es allí?; allí, significa el lugar donde está Cristo a la diestra del Padre. Por tanto, establezco contundente e irrefutablemente la revelación de acuerdo con Hebreos: quien trae sus diezmos al altar en el mundo natural, en realidad los está trayendo a los pies de Cristo en el mundo espiritual.

A continuación veamos varias alusiones al diezmo desde el Antiguo Testamento al Nuevo Testamento:

El Antiguo Testamento y los Diezmos:
Abraham los ofrece a Melquisedec: Génesis 14:19-21
Se le prometen a Jacob: Génesis 28:22
Le pertenece a Jehová: Levítico 27:30-33
Se le da a los levitas: Números 18:12-24
Los levitas se los dan a los sacerdotes: Números 18:25-26
Llevado al templo: Deuteronomio 12:5-19
Reglas relacionadas con el diezmo: Deuteronomio 14:22-29
La honestidad requerida para diezmar en: Deuteronomio 26:13-15
Cada décima parte de los animales: Levítico 27:32-33
Los judíos lo reconocen: Nehemías 13:5,12
Los diezmos del fruto de la tierra que hoy equivale a las jornadas empresariales: Nehemías 10:37-38; 12:44; 13:5,12

La promesa de Dios relacionada con el diezmo: Malaquías 3:7-12

El Nuevo Testamento y los diezmos:

Se condena el legalismo farisaico: Lucas 19:9-14, Mateo 23:23, Lucas 11:42. Se ve la condenación a la exaltación personal por causa de la obras, pero no de las obras en sí mismas: Lucas 18:12. En Hebreos 7:2-9 Abraham ofrece los diezmos a Melquisedec.

Verdades reveladas sobre la práctica del diezmo hoy:

- Entendemos que la práctica del diezmo tiene un amplio soporte en las Escrituras, y por tanto no está abolida hoy.

- Entendemos que todos estamos llamados por Dios a diezmar.

- Entendemos que aun los pastores y los sacerdotes deben entregar los diezmos de sus diezmos: **Número 18:25-26**

- La práctica del diezmo está cubierta tanto en el Nuevo como en Antiguo Testamento.

- El beneficio más grande detrás de la práctica del diezmo no es la práctica en sí misma, practicada arbitrariamente por obligación solamente; mucho menos por la prosperidad, sino porque genera el gozo interior de obedecer los decretos de Dios, su Palabra, preceptos y estatutos.

Quiero destacar que hay muchos pastores que no diezman hoy; cuando Dios espera de nosotros los diezmos tanto como los del pueblo.

Números 18:28

> *Así ofreceréis también vosotros ofrenda a Jehová de todos vuestros diezmos que recibáis de los hijos de Israel; y daréis de ellos la ofrenda de Jehová al sacerdote Aarón.*

Sin embargo, los pastores que no diezman reclaman el diezmo al pueblo; lo cual refleja una falta de integridad; y los hace tan fariseos como aquellos que condenó Jesús. Aquellos que ponían cargas al pueblo, que ni con un dedo querían cargar. Al hacerlo, afrentamos al Dios que representamos, al Dios que pide los diezmos y con esta acción hacemos tropezar a muchos. **¡Dios tenga misericordia!**

Mateo 23:4

> *Porque atan cargas pesadas y difíciles de llevar, y las ponen sobre los hombros de los hombres; pero ellos ni con un dedo quieren moverlas.*

Lucas 11:46

> *Y él dijo: ¡Ay de vosotros también, intérpretes de la ley! porque cargáis a los hombres con cargas que no pueden llevar, pero vosotros ni aun con un dedo las tocáis.*

Es igualmente triste ver que muchos pastores, condenamos a aquellos que no diezman con tal dureza, que ponemos la práctica del diezmo a la altura de la salvación. No debe ser así, esta práctica debe ser enseñada, para motivar al nuevo creyente a obedecer a Dios en el área de las finanzas; de la misma manera que se espera que obedezca en todas las demás áreas, para lograr un balance completo en su vida cristiana.

Ahora bien, recordemos que para Dios no hay pecados grandes, ni pequeños. El pecado nos separa de Dios, y punto. Tan pecaminoso es el robar a Dios **Malaquías 3:8-10;** como todo el resto de los pecados carnales que encontramos en **Gálatas 5:19-21.**

Por tanto entendemos, que Dios aborrece la práctica del diezmo cuando viene acompañada de obras de maldad. Si alguien viene a la Casa de Dios con sus diezmos, pero su corazón persiste en el mal; no piense que recibirá alabanza de Dios. Ya lo dijo el profeta **Amós 4:4**

> *Id a Bet-el, y prevaricad; aumentad en Gilgal la rebelión, y traed de mañana vuestros sacrificios, y vuestros diezmos cada tres días.*

El pecado contamina toda ofrenda, y nos hace religiosos el pecar deliberadamente; y seguir ofrendando a Dios.

No olvidemos dos de los principios básicos de la fe cristiana en el afán de cobrar los diezmos:

1. Cristo no vino a condenar al mundo sino a salvar al mundo.

Juan 3:17

> *Porque no envió Dios a su Hijo al mundo para condenar al mundo, sino para que el mundo sea salvo por él.*

2. No hay condenación para los que están en Cristo Jesús. Siempre que nos mantengamos en Cristo, buscando de todo corazón agradar a Dios, no podremos ser condenados.

Romanos 8:1

> *Ahora, pues, ninguna condenación hay para los que están en Cristo Jesús, los que no andan conforme a la carne, sino conforme al Espíritu.*

3. Jesús nos da una lección de vida en **Juan 8:7-10** en el caso de la mujer adúltera. El que de vosotros esté sin pecado, sea el primero, en arrojar la piedra contra ella.

> *8 **E inclinándose de nuevo hacia el suelo, siguió escribiendo en tierra.** 9 Pero ellos, al oír esto, acusados por su conciencia, salían uno a uno, comenzando desde los más viejos hasta los postreros; y quedó solo Jesús, y la mujer que estaba en medio.10 Enderezándose Jesús, y no viendo a nadie sino a la mujer, le dijo: Mujer, ¿dónde están los que te acusaban? ¿Ninguno te condenó? 11 Ella dijo: Ninguno, Señor. Entonces Jesús le dijo: **Ni yo te condeno; vete, y no peques más.***

Tan crucial es dejar de adulterar, mentir, andar en resentimientos y amarguras, chismes y divisiones como diezmar. Muchos estudiosos alegan que lo que Jesús escribió en tierra, fue una señal de los Diez Mandamientos; reafirmando su divinidad y autoría en la Ley de Moisés. Sea cual sea el caso, no debemos condenar a la gente, sexualizando el pecado, y mucho menos monetarizándolo como hacen muchos. El acto de sexualizar y monetarizar el pecado es el arte contemporáneo de dar una mayor importancia a los pecados sexuales, y financieros, por encima del resto de los pecados carnales que Dios condena; por los cuales Dios envío a Jesús, a morir en la Cruz para que seamos libres de ellos. Dicho acto es tan condenable como practicar los pecados sexuales y financieros; ya que afectan y ponen tropiezo a la salvación del prójimo, por quien murió Cristo.

Espero, amado lector, que todas las verdades bíblicas y principios antes explicados hayan ayudado al entendimiento de lo que Cristo enseñó de los diezmos, esto es, la poderosa verdad de que Cristo nunca anuló los diezmos; más bien los usó de ejemplo de lo que era confiar más en las obras que en la fe. No hay que cancelar que el diezmo es una obra que estableció Moisés, por medio de la Ley y del sacerdocio Levítico; sino más bien, se estableció la práctica del "diezmo" como una obra de fe practicada por Abraham, el padre de la fe. Y todo lo que proviene de fe, es para ser practicado, ya que el reino de Dios se recibe por la fe y no por obras.

Efesios 2:8-9

> 8 Porque por gracia sois salvos por medio de la fe; y esto no de vosotros, pues es don de Dios; 9 no por obras, para que nadie se glorie.

La advertencia aquí es con respecto a gloriarse en el diezmo o en cualquier otra obra, olvidando que la salvación es por gracia y no por obra y que es un don de Dios, para aquel que abre su corazón.

ADVERTENCIA:

No nos olvidemos de que Cristo aligeró la carga estableciendo el misterio y ministerio de la gracia de modo que no debemos tratar de hacer aún más ligera la pesada Cruz de Cristo eliminando prácticas espirituales tan elementales como el diezmo. No caigamos en el error, y terminemos revelando las verdaderas intenciones de nuestro corazón. Pues, es concluyente que quien quiere dar a Dios, no solo el diez por ciento de sus diezmos, sino todo; y no solo el diez por ciento de su tiempo, sino todo; finalmente, no solo el diez por ciento de su vida, sino toda ella encontrará en la práctica del diezmo una manera sólida, de comenzar a desarrollar la disciplina espiritual de dar a Jehová con gozo y alegría de corazón.

Conclusiones:

Vive Jehová en cuya presencia estoy, que el propósito de este profundo capítulo sobre la práctica del diezmo no es para contender con nadie; y mucho menos, convencer al que lee. Como está escrito:

2 Timoteo 2:14

> *Recuérdales esto, exhortándoles delante del Señor a que no contiendan sobre palabras, lo cual para nada aprovecha, sino que es para perdición de los oyentes.*

He entendido que solo el Espíritu Santo convence de pecado, de justicia y de juicio. He escrito con pasión no para convencer, pero para comunicar con pasión, lo que creo y defiendo. El resto queda en manos de Dios y de la decisión del que se expone a su mensaje.

Juan 16:8

> *Y cuando él venga, convencerá al mundo de pecado, de justicia y de juicio.*

Tengo buenas noticias, Él ya vino hace 2000 años, y ha estado con la Iglesia desde el regreso de Jesús al Padre; para enseñarnos todas las cosas, y recordarnos todo lo que Jesús ha dicho.

Más bien, he escrito este capítulo con el propósito de demostrar apasionadamente lo que creemos en relación con el diezmo como Iglesia de Cristo. Haciendo defensa de nuestra fe por medio de la Palabra como enseñaba Pablo:

2 Timoteo 2:15

> *Procura con diligencia presentarte a Dios aprobado, como obrero que no tiene de qué avergonzarse, que usa bien la palabra de verdad.*

Del modo que el apóstol Pablo exhortaba al joven Timoteo ayer, yo te exhorto hoy a diezmar; pero sobre todas las cosas a buscar primeramente el reino de Dios y su justicia. Diezmando no por la ley, sino por la gracia, no por obligación, sino por obediencia, no para prosperar sino para agradar a Dios; no para exaltarnos a nosotros mismos, sino como una expresión de humildad delante de Dios, no esporádicamente, sino constantemente. Honremos a Dios con nuestros diezmos, ofrendas, primicias, limosnas y toda clase de obra de amor a Dios, expresado en finanzas.

Concluyo contundentemente que el diezmo precede la Ley, que se practica por la fe de Abraham, y no por la ley de Moisés. El diezmo está vigente hoy, como está vigente la gran multitud de necesitados del mundo; y los millones de sacerdotes que trabajan secularmente, sin poder ejercer el ministerio a tiempo completo, por causa de las finanzas. Es necesario entender que la práctica del diezmo es una práctica instituida por Dios, para Él, por Él; y por causa del hombre; para sostener su obra, el templo, sus ministros y ministerios. Y recuerden, el principio de Jesús: una cosa nos es necesaria perseguir: la justicia, el amor y las buenas obras; sin dejar de hacer la otra: "diezmar".

Hombres y mujeres de negocios en la Iglesia

Cómo manejar a hombres y mujeres de negocio en las iglesias saludables:

Columnas de la visión:

El Espíritu Santo nos ha guiado a hacer una distinción bien clara entre las dos columnas que sostienen Fuente de Avivamiento. Esta revelación ha venido por medio de la práctica ministerial. A lo largo de los años, hemos visto la necesidad de hacer dicha distinción para cuidar el liderazgo de la Iglesia y proteger la salud, bienestar y efectividad de la visión de FDA. Ambas columnas son de vital importancia para sostener la casa y llevar a feliz término la misión de alcanzar todo el Norte de los Estados Unidos para Cristo.

Al viajar por todos los Estados Unidos, y tener el privilegio de enseñar este principio en muchas iglesias he encontrado una amplia aceptación de esta poderosa verdad; ya que muchos de ellos tienen el mismo problema que nosotros hemos tenidos por siete años. Los que más entusiasmados me responden son los hombres y mujeres de negocios de las iglesias. Ellos están apasionados por el Señor y su obra; pero la carga ministerial tan grande que se les impone, termina matando su negocio; y con esto su capacidad para sostener financieramente la visión local y global. En muchos otros casos, termina contristando su espíritu al punto de desarrollar una depresión espiritual que los lleva a dejar el ministerio y apartarse de la iglesia.

Un poderoso líder de Dios que hemos estado estudiando, me abrió el entendimiento de cómo resolver el problema. Moisés no hacía distinción entre los que servían en el templo y los que salían a la guerra. Todos aportaban de acuerdo a sus dones, de modo que todas las necesidades eran cubiertas. Los que ministran a Jehová en el templo, oraban y ofrecían sacrificios por los que salían a la guerra para que no se perdiera ni uno.

Números 31: 48-49

> 48 Vinieron a Moisés los jefes de los millares de aquel ejército, los jefes de millares y de centenas, 49 y dijeron a Moisés: Tus siervos han tomado razón de los hombres de guerra que están en nuestro poder, y ninguno ha faltado de nosotros. Y los que regresaban victoriosos compartían el botín con los que se habían quedado.

Números 31:25-27

> 25 Y Jehová habló a Moisés, diciendo: 26 Toma la cuenta del botín que se ha hecho, así de las personas como de las bestias, tú y el sacerdote Eleazar, y los jefes de los padres de la congregación; 27 y partirás por mitades el botín entre los que pelearon, los que salieron a la guerra, y toda la congregación.

Estaba yo en el lugar secreto, cuando Dios me reveló este poderoso principio. Y me dije manos a la obra, hay que ponerlo en práctica y les puedo compartir que los resultados han sido asombrosos. Nuestros hombres y mujeres de negocios están gozosos; ya no se les ve frustrados, apagados, cansados y tensos, por querer cumplir con todo lo que se hace en la iglesia. Hoy, hay paz en sus corazones y en el mío como su líder y padre de la casa.

Comenzaremos definiendo qué es una columna para ampliar el entendimiento de la función y el propósito de estas.

Columna: Elemento arquitectónico de soporte rígido, más alto que ancho, y normalmente cilíndrico o poligonal que sirve para soportar la estructura horizontal de un edificio, un arco u otra construcción.

Por tanto, entendemos que las columnas, cualesquiera que sean, soportan la estructura de un edificio. Ese edificio es la casa de Dios, en este caso la iglesia. El apóstol Pablo dijo:

Efesios 2:20-22

> *20 edificados sobre el fundamento de los apóstoles y profetas, siendo la principal piedra del ángulo **Jesucristo mismo** 21en **quien todo el edificio**, bien coordinado, va creciendo para ser un templo santo en el Señor; 22en quien vosotros también sois juntamente edificados para morada de Dios en el Espíritu.*

El apóstol compara la Iglesia con la estructura de un edificio, enfatizando que bien coordinado puede cumplir la misión y el propósito para el cual fue creado. Fuente de Avivamiento como casa de Dios, iglesia de Cristo, es un edificio sostenido por dos tipos de columnas. Ambas columnas están fundamentadas y cimentadas en Cristo en una relación profunda con el Padre y una estrecha amistad con el Espíritu Santo.

Ahora bien, ¿cuáles son estas columnas?

Tenemos dos tipos de columnas en la iglesia local: *Las columnas espirituales y las columnas financieras.*

Las columnas espirituales:

Las columnas espirituales son establecidas para sostener la estructura de la visión, por medio de una inversión mayor en tiempo, servicio, cuidado de alma y visibilidad en la iglesia. Las columnas espirituales llevan la carga de la operación diaria del ministerio; así como de las actividades, los eventos y las reuniones ejecutivas para establecer el reino de Dios y expandir sus territorios en Kentucky.

La expectativa mayor sobre una columna espiritual es en presencia, tiempo, servicio y visibilidad en la congregación. Las columnas espirituales también soportan financieramente la visión, pero no tienen una capacidad de ofrendar tan alta como la de las columnas financieras, las cuales diezman, ofrendan, honran a Dios en todo; traen sus primicias y apoyan localmente financieramente en la medida de sus posibilidades.

Entendemos que de la misma manera que no todos estamos llamados al ministerio a tiempo completo, no todos estamos llamados a ser cabezas de negocio. Aquellos que lo están y quieren seguir este propósito divino y santo, siempre que se haga en Cristo, tienen un lugar dentro de la visión de Dios convirtiéndose en *Columnas Financieras*.

La columnas financieras:

Las columnas financieras también son establecidas para sostener la estructura de la visión por medio de una inversión mayor en finanzas que en tiempo, servicio y presencia. No quiere decir que no están conectadas a la visión, *de hecho el no estar conectados a la visón hace que se pierda el propósito por el cual se estableció como columna financiera.*

Requisitos para llegar a ser una columna financiera.

1. Estar conectados a una red, un discipulado y tener una vida de oración, ayuno y lectura de la Palabra activa.

2. Asistir a sus discipulados y a la iglesia regularmente.

3. Apoyar cualquier ministerio cuando estén presentes en la iglesia, siempre que se requiera su ayuda.

4. Después de organizar su negocio y establecerlo debidamente, se espera que la columna financiera comience a apoyar la visión nuevamente en la medida de su capacidad en tiempo, servicio y presencia.

5. Solamente ancianos, ministros, apóstoles, profetas, pastores, evangelistas y maestros **establecidos** podrán mantener su nombramiento mientras ejercen la función de columna financiera.

6. Ancianos a prueba que entren en esta definición regresaran a su estatus de diacono establecido. Ya que no estarán dirigiendo activamente una red, discipulado o ministerio. Además, no estarán asistiendo activamente a las reuniones de gobierno, redes y ministerios.

7. Las columnas financieras apoyan la visión financiera en mayor capacidad que las columnas espirituales. De la misma manera que hay una expectativa sobre las columnas espirituales de estar presente, y llevar el ministerio diariamente. **Hay una expectativa sobre las columnas financieras de soportar generosamente la visión,** de acuerdo con su función como columna financiera.

8. Apoyar congresos, eventos y actividades de desarrollo de la visión con su presencia y finanzas.

9. Las columnas espirituales asistirán a las reuniones de hombres y mujeres de negocio, que son cada dos o tres meses para mantenerse conectados, e informados.

Las columnas financieras eventualmente llegarán a formar una Red de Hombres y Mujeres de Negocios. Planificarán eventos anuales y cada seis meses para reclutar a otros hombres y mujeres de negocios de la ciudad y ganar almas.

ADVERTENCIA:

La Palabra de Dios enseña varios principios para guardar el corazón de aquellos que entran en el mundo a buscar finanzas con un deseo genuino inicial de convertirse en inversionistas del reino. Sin embargo, la práctica demuestra que muchos que comienzan en el Espíritu; pero, al descuidar su vida espiritual, terminan en la carne.

Gálatas 3:3

> *¿Tan necios sois? ¿Habiendo comenzado por el Espíritu, ahora vais a acabar por la carne?*

También somos advertidos en cuanto alejarnos de Dios por causa del dinero.

1 Timoteo 6:10

> *porque raíz de todos los males es el amor al dinero, el cual codiciando algunos, se extraviaron de la fe, y fueron traspasados de muchos dolores.*

Y finalmente el mismo Jesús nos exhorta.

Mateo 6:33

> *Mas buscad primeramente el reino de Dios y su justicia, y todas estas cosas os serán añadidas.*

Por tanto, concluimos que dejará de ser columna de la Casa de Dios cualquier columna financiera o espiritual que deje a Cristo como fundamento y deje de apoyar la visión de Dios para Fuente de Avivamiento, o su iglesia local en cualquier parte aunque seguirá siendo hijo o hija de Dios. Si alguno, dejando de ser columna espiritual, para ser columna financiera; deja el negocio y no se compromete nuevamente con la visión, como una columna espiritual, se considerará que en su primera salida abandonó el ministerio y que todos estos cambios son solo una excusa para no llevar la carga de la visión juntamente con el pueblo.

Aprendamos de estos grandes líderes de Dios a manejar las finanzas. Aprendamos a levantar fondos y a administrar bien los bienes de Dios. Necesitamos iglesias prósperas que puedan apoyar la obra de Dios en el mundo entero. Queremos ser bendecidos con propósito; bendecidos, para bendecir al que está en necesidad. Dios nos ha hecho reyes y sacerdotes; estas dos unciones tienen que operar juntas hoy. Como sacerdotes, servimos al pueblo, ministramos a Jehová y damos dirección; como reyes, conquistamos, gobernamos, tomamos territorios y hacemos prosperar al pueblo, enseñándoles a practicar los principios financieros del reino; como lo hicieron los patriarcas y los reyes de Israel.

PARTE II

Características fundamentales de las iglesias del reino

IV
CONTEXTO MINISTERIAL DEL NORTE DE LOS ESTADOS UNIDOS

En la Escrituras, tenemos los reinos del norte y del sur, que fueron formados después de la división del Reino Unido de Israel. Los tres primeros reyes, Saúl, David y Salomón gobernaron un reino sólido e inquebrantable. Después de la muerte de Salomón, el reino se divide en dos por causa del orgullo y la dureza de corazón del hijo de Salomón en la Asamblea de Siquem. Históricamente el pecado, la rebeldía del pueblo y sus gobernantes contra su Dios, llevó al reino a un estado de decadencia irreversible que terminó con la división final de Israel en dos reinos: el reino del norte y el reino del sur. Nosotros hicimos un estudio detallado con dos de nuestros pastores: Saúl Anacleto y Mignelis Lazcano, y las revelaciones que nos trajo para establecer una misión clara y respaldada por la escritura fue sorprendente. Veamos,

Contexto del norte de los Estados Unidos

Reino del norte

Separación del reino:
En 1 Reyes 11:1-40, se narra cómo el rey Salomón desobedece a Dios, edificando altares para los dioses paganos de sus mujeres; ya que se había casado con mujeres de diferentes pueblos y naciones. Su corazón se corrompe y comienza a adorar a otros dioses. Esto abre la puerta para las injusticias que comete con el pueblo y los pecados en contra de Dios. Luego de su muerte, entra el reinado de Roboam su hijo, el cual se proponía ser más severo con el pueblo, (1Reyes 12:14)y siguió más bien el de los jóvenes, antes del consejo de los ancianos. Les dijo: «Si mi padre

les impuso un yugo pesado, ¡yo les aumentaré la carga! Si él los castigaba a ustedes con una vara, ¡yo lo haré con un látigo!». Esta semejante declaración hizo que el pueblo se revelara; y se levantara, un nuevo líder que desafiaría el reinado de Roboam y dividiría el reino.

Reino de Israel:

I. Solo unos kilómetros separan las dos capitales hermanas y enemigas, Samaria y Juda; sin embargo, en muchos aspectos el reino de Israel se diferencia del reino de Judá.

II. Las tribus que componían el reino del norte eran: Rubén, Simeón, Leví, Zabulón, Isacar, Dan, Gad, Haser, Neftalí y José. Reyes del rReino de Israel.

III. Reyes del reino del norte.

A. Jeroboam- Este fue el primer rey de Israel después de la separación de Judá

(931-910 a.C). Era efrateo, hijo de Nabat y viuda de Zerúa. Se destacó en la construcción de Milo y llegó a ser superintendente de la obra. Se rebeló en contra de Salomón por las injusticias y la opresión económica; y tuvo que huir a Egipto para hallar refugio, como lo hizo José, con María y Jesús. Camino a Jerusalén el profeta Ahías le reveló que Dios le quitaría diez tribus a Salomón por su pecado y se las entregaría a él. (1Reyes 11:29-35). Una vez muere Salomón, regresa de Egipto y estuvo entre los que pidieron a Roboam que aliviara las cargas que su padre impuso. Cuando Roboam rechazó la petición, las diez tribus se revelaron y proclamaron a Jeroboam rey de Siquem.(1 Reyes 12:12-20). Y por consiguiente, solamente Judá, permaneció en la casa de David. (1 Reyes 12-20).

B. Nadab - Hijo de Jeroboam reinó 2 años, cometió el mismo pecado de su padre puesto que también adoró imágenes de oro; fue asesinado por Baasa en Gibetón. 1 Reyes 15:26-27.

C. Baasa - 1 Reyes 15:17 Antes fue General del ejército de Nadab. Asesinó a Nadab durante el sitio al pueblo Filisteo de Gibetón y luego exterminó toda la casa de Jeroboam de acuerdo con la profecía de Ahías 1 Reyes 14: 7-11. Profeta Jehú, hijo de Hananí profetiza contra Baasa por su pecados. 1 Reyes 16: 1-4.

D. Ela - Hijo de Baasa, reinó 2 años. Mientras estaba en casa de su mayordomo embriagándose, vino uno de sus oficiales, Zímrí, y lo asesinó. 1 Reyes 16: 8-10.

E. Zímri - 1Reyes 16: 12-13- Estuvo en el trono siete días y exterminó a toda la familia de la casa de Baasa.

F. Omrì - 1 Reyes 16:17-28 [21] Entonces el pueblo de Israel se dividió en dos facciones: la mitad respaldaba como rey a Tibni hijo de Guinat, y la otra, a Omrí.[22] Pero los partidarios de Omrí derrotaron a los de Tibni, el cual murió en la contienda. Así fue como Omrí ascendió al trono.

G. Acab - Reinó en Samaria 22 años. 1 Reyes 16: 29 -30

Acab fue el séptimo rey de Israel, que sucedió a su padre Omri en el año 918 a.C. y reinó veintidós años. Acab se casó con Jezabel, hija de Ed-Baal, rey de Tiro, Jezabel era una mujer ambiciosa e idólatra, fue ella quien ejerció gran influencia para introducir en Israel el culto de Baal y Astrote. Acab erigió un templo en Samaria al dios Baal, persiguió a los profetas de Dios. A causa de esta apostasía, Dios castigó a Israel con tres años de sequía y hambre, hasta que el profeta Elías desafió y eliminó a los profetas de Baal en el monte Carmelo.

Revelación práctica de la primera parte:

Lo negativo de esta revelación sobre la realidad de estos dos reinos para los estados del norte de la Unión Americana:

• Hay una separación clara entre el norte y el sur. Nosotros lo hemos visto en la práctica, vemos iglesias bendecidas, grandes y con un liderazgo fuerte en el sur; pero tan pronto pasamos la línea de Tennesse, estado que le llamamos "la puerta del norte" comienza la frialdad, iglesias pequeñas, escasez de líderes fuertes, pobreza y rebeldía.

- El hijo de Salomón no quiso escuchar a sus ancianos. En el norte vemos mucha rebeldía de los jóvenes que no quieren escuchar a nadie y se aconsejan ellos mismos como lo hizo Roboam.

- El nivel de rebeldía del reino del norte "Israel" siempre fue más alto que el del reino del sur "Judá" de hecho Israel fue llevado cautivo primero por causa de la desobediencia a Jehová.

- División constante como el resultado de esa asamblea en Siquem. La mayoría de las iglesias no pasan 30-50 personas, 70 máximo. Después de esto se dividen, y vuelven a bajar a 30-45 personas. El crecimiento se da por división en muchos casos más que por multiplicación.

El espíritu de Jezabel opera fuertemente en las iglesias del norte, la esposa de Acab, uno de los reyes más prósperos y militarista que tuvo el norte. El espíritu jezabélico es un espíritu de manipulación y control en contra de la visión y de los líderes de Dios. Es un error pensar que solo usa mujeres, no tiene sexo como todo espíritu y golpea con fuerza las cabezas ministeriales y persigue los ministerios proféticos y de unción.

Lo bueno de esta revelación para los estados del norte:

1. El reino del norte era más grande que el reino del sur, tenía más tribus y más fuerza. Por tanto, no estamos sujetos a tener iglesias pequeñas. De hecho, proféticamente deberíamos producir más y ser más fuertes que otras regiones.

2. El reino del norte era, por tanto, más próspero y rico. Eso lo puede ver uno en la práctica, los estados al norte de Estados Unidos son los más ricos de la Unión Americana. Por tanto, el Señor nos ha dicho que nuestras iglesias no tienen que ser pobres. Reprendemos el espíritu de pobreza, escasez y ruina.

3. La unción de guerra y liberación en contra de la idolatría en el reino del norte era muy alta. Nosotros tenemos esa unción, levantemos guerreros para acabar con la idolatría. La gente que viene al norte es muy idólatra: adoran vírgenes, santos, santas muerte, magia blanca, cartas y más.

Veamos ahora a los profetas del norte, quienes trajeron un mensaje que nos ayuda a los pastores y predicadores en el norte a ser más específicos y combatir lo que ellos combatieron. Al leer sobre ellos, estarás de acuerdo en que esos mensajes aplican hoy.

Profetas:

Ajias: Mensaje: Profetiza a Jeroboam que Dios le entregaría las 10 tribus.

Elías: Este era un profeta de fe inconmovible. Tenía preocupación por los afligidos, esto es, le preocupaba el dolor del pueblo. Era llevado por el Espíritu Santo y constantemente estaba delante Dios. Su fe era sin divisiones (1 Reyes 18). Tenía Intimidad con Dios y era defensor de los Pobres (1 Reyes 21)

Eliseo: Discípulo de Elías, la primera mención de Eliseo se escucha desde la boca de Dios cuando le dio la última comisión a Elías, (1Ry.19:16). Dios ya estaba preparando a quien le iba a suceder y le informó el nombre de su padre y la localidad. Eliseo tuvo una doble porción de la de Elías, por lo cual su mensaje fue más fuerte en contra de los dioses falsos; y sus milagros fueron de mayor impacto.

Amos: Mensaje Cumplir Justicia. Pastor; Natural de Tecoa, cerca de Belén, Amós es enviado por Dios al norte, en tiempos del esplendor de Samaria bajo el Rey Jeroboam II. Predicador Popular, de Lenguaje suelto.

Oseas: Mensaje : Amar con cariño natural del norte, Oseas predica en la misma época que Amós. Descubre el cariño de Dios a través de un suceso personal. Oseas ama a su esposa que se porta mal. Con su amor, logra devolverle su corazón de virgen.

Conclusión:

Vemos en el norte un mensaje profético, de revelación, de cielos abiertos y en contra de la idolatría; vemos un mensaje de doble unción, como el de Elías y Eliseo. Una unción de paternidad y discipulado, de uno a uno, como ellos lo practicaron durante su vida y ministerio. Por último, un mensaje de justicia social, arrepentimiento y ayuda al pobre, a la viuda y al huérfano. Creo con todo el corazón, que este estudio detallado sobre el "reino del norte" tiene aplicación hoy sobre los Estados Unidos.

La oración de Kentucky que encontrarás en este libro también es el resultado de un mapeo espiritual del estado y la ciudad de Lexington.

Esto es real, y no es un cuento de hadas. Yo experimenté en carne propia un ataque demoniaco en el cual me sobrecogió un temor inmenso como a las tres de la madrugada. Me encontraba haciendo un estudio espiritual de la ciudad de Lexington en mi oficina. Yo no soy de los que se acobardan fácilmente; pero aquella noche experimenté un nivel de tinieblas que no había experimentado antes; y entendí que una presencia maligna de alto rango y autoridad se presentó en mi habitación, mientras hacía el estudio de donde nació "la oración de Kentucky". Escuché la voz audible del principado preguntando "¿Por qué te metes conmigo?" Fue en ese momento que me sobrevino un gran temor. Me levanté, y comencé a reprender, a declarar el nombre de Cristo; entonces, el temor me dejó y vino un denuedo inexplicable, todo se fue; y hasta hoy por siete años hemos estado orando esta oración por Kentucky. (Léala más adelante y preste atención.)

La visión congregacional

Una visión del cielo

Estoy convencido de que el 2003 debería haber muerto. Estoy, además, plenamente seguro, de que todas las personas que he conocido del 2003 en adelante las he conocido con propósito. Durante el accidente automovilístico, perdí el conocimiento y tuve una visión gloriosa. Una visión del cielo hacia donde mi esposa y yo íbamos de la mano moviéndonos hacia una luz brillante con una multitud de personas que salían de todos los confines de la tierra; y eran suspendidos entre el cielo y la tierra para comenzar su jornada hacia esa luz indescriptiblemente brillante. Sin embargo, justo antes de llegar a la luz blanca, me solté de la mano de Yanet y comencé a caminar en la dirección opuesta y regresé a la tierra. Debido a esa experiencia, estoy convencido de que he sido apartado para un propósito específico. Todo el mundo que me ha conocido a partir del 2003 no debería haber tenido la oportunidad de conocerme por causa de la gravedad del accidente. Me salvé porque hay algo que solo yo puedo ofrecer a todo el mundo que me ha conocido desde entonces. Dios, por amor a estas otras personas, me devuelve la vida, para que pueda cumplir con el llamado que Dios tiene para mí; y ayudar a otros a alcanzar su propio destino y llamado en Cristo. Estas experiencias combinadas de desierto y de la vida me han formado hasta ser el pastor y líder que soy hoy día. Han influido, además, en el modelo de ministerio que he elegido para implantar en el nombre de Jesús y con el poder del Espíritu Santo.

¿Qué es visión?

Esta pregunta fue respondida en el capítulo 1 desde una perspectiva personal. En este capítulo vamos ampliarla a la visión congregacional y global que Dios tiene para la iglesia de Cristo en la tierra.

Entendemos por visión "una *foto mental del futuro, respaldada por una convicción de que puede ser real*" es una definición bien práctica y sencilla que circula en muchos círculos de liderazgo hoy. A mí me gusta definirla como "la revelación especifica de la voluntad de Dios hoy; concebida desde el principio de los tiempos; para un contexto, un lugar, una persona y un pueblo especifico". Varias palabras claves saltan a la vista en estas definiciones: foto, mental, futuro, convicción, revelación, específica, contexto, lugar, persona y pueblo. Todas ellas son un esfuerzo infructuoso de describir con palabras lo que la mente no puede por sí misma expresar.

Toda visión comienza con un líder, ya que el liderazgo también es determinado por un líder. Todo comienza y termina con un líder; lo hemos visto a lo largo de la historia. Conocemos hombres y mujeres que con su liderazgo personal impactaron naciones, culturas, lenguas y la historia. Hablo de hombres como: Juan Wesley, Martín Lutero, Calvino, Martín Luther King Jr., Picasso, Miguel Ángelo, Alejandro el Grande, y Gandhi; y qué de mujeres como: Madre Teresa, Margaret Thatcher, Princesa Diana, Frida Kahlo, Oprah Winfrey, Corín Tellado, Eva Perón, y Juana de Arco, solo por mencionar algunas.

Todos estos grandes líderes, hombres y mujeres mundialmente conocidos, cambiaron la historia de una manera significativa. Sus grandes logros comenzaron en un pequeño lugar donde nacieron, crecieron y se desarrollaron. Todo movimiento mundial comienza con un líder; y la iglesia no está exenta de esa ley inexorable de vida. Jesús de Nazaret ha sido el líder generacional de más influencia en el mundo entero; pero con frecuencia la gente no lo menciona, cuando hablan de grandes líderes. El error es relacionarlo únicamente con cuestiones de fe y de religión. Jesús fue un líder que trajo una transformación en todas las capas de la sociedad: cultura, política, economía y filosofía. Sus enseñanzas innovadoras y de reforma, provocaron un sismo social, político, económico, cultural y religioso que estremeció el mundo de entonces, y sigue haciendo eco en la historia contemporánea de las naciones.

Estoy seguro de que cada uno de nosotros podríamos hacer nuestra propia lista de líderes. Personas que han influenciado nuestra vida a nivel personal, donde la suma de su inversión, hace de nosotros quienes somos hoy. Yo podría hablar de mi padre espiritual, el Rev. Eliseo Mejía, un líder sin igual; por otro lado podría hablarles también de mi padre natural, Ibrahim Álvarez, quien me enseñó a trabajar duro y con integridad; mi madre Loyda Alfonso, un ejemplo de perseverancia, pasión por crecer, vivir y aprender; mi hermanita Ismeivy Álvarez con su inteligencia práctica y solidaridad, sin importar lo que sea; mi hermano mayor Alexis Álvarez, un ejemplo de pelea incansable por los sueños, sin importar el precio. Y que diré de mi amada esposa, Zulayne Álvarez, siempre a mi lado, siempre apoyando, dispuesta a esperar largas horas y hasta días sin su esposo, por causa de la ardua labor del ministerio, y lista para sufrir conmigo la prueba que venga; mi hijita Sulam con su amor, dulzura y vocecita de ángel me enseña a ser papá todos los días.

Estoy seguro de que tú tienes tu propia lista, solo quiero establecer mi caso y decirte que somos la suma de la inversión de alguien en nuestras vidas; y que inevitablemente llevaremos a la iglesia lo que somos. La iglesia es la novia de Cristo, limpia, sin mancha y sin arruga por la gracia de Dios. Pero también, es la suma de todas las familias que la conforman. Muéstrame la calidad de familias que pastoreas, y te profetizaré sobre los problemas y bendiciones que tendrás en tu ministerio. De nuestra miseria Dios hace nuestro ministerio, de lo que hemos sufrido y vivido Dios ministrará a su pueblo. ¿No has visto en la iglesia gente que tiene problemas con el pastor o un líder, se van, y no se despiden dejando de hablarles por meses y años? Si vamos más profundo, encontrarás que así han hecho con su padres, hermanos, amigos y hoy a nosotros. La gente no tiene otra opción que reproducir lo que es; a menos que sea transformada por el poder de Dios. La visión de Dios para una iglesia, una comunidad y una nación está directamente conectada al pueblo que te tocará servir. La visión personal para que sea efectiva tiene que evolucionar a visión compartida; y por último si es lo suficientemente grande y pura, evolucionará a visión global.

La visión garantiza destino y dirección; la visión determina todo en la iglesia: cómo invertir los recursos, cómo formar los discípulos, etc. Muchas veces me han preguntado: "Pastor, si usted llega a una iglesia establecida ¿cómo determina la visión?" Es más fácil cuando la iglesia empieza de cero, porque pones el fundamento desde el comienzo. Al llegar a una iglesia establecida, lo primero que el líder debe hacer es investigar con los líderes si tienen una visión, si saben por qué están allí; cuál es el propósito de su iglesia para su congregación y su comunidad. Si no hay visión, la estableces siguiendo los principios que te he enseñado anteriormente; (sueño, carga y visión) y si hay visión, ayúdales a hacer de la visión una realidad; revisando la misión, las estrategias, los valores y las actividades que se realizan; para alinear todo lo que se hace a la visón compartida que han recibido.

Les pondré un ejemplo de la visión de nuestra Iglesia Fuente de Avivamiento. Esta visión es repetida, memorizada en cada momento. Hacemos actividades y entrenamientos para pasar la visión de la cabeza al corazón, del corazón a las manos y de las manos a los pies para ejecutarla con pasión.

Visión global de Fuente de Avivamiento:

Visión:

Ser un Ejército de santidad y amor en el poder del Espíritu Santo. Dispuesto a obedecer y a cumplir un Gran Mandamiento y una Gran Comisión para dar a Luz un **avivamiento** en esta generación.

Base teológica de la visión

Ejército: Tropas de soldados al mando de un general. Conjunto de las fuerzas de la tierra de una nación.

Otros sinónimos: huestes, columnas, legión, escuadrón, regimiento, compañía, vanguardia, retaguardia, frente, guerrilla, maniobra.

Josué 5:13-15

> Estando Josué cerca de Jericó, alzó sus ojos y vio un varón que estaba delante de él, el cual tenía una espada desenvainada en su mano. Y Josué, yendo hacia él, le dijo: ¿Eres de los nuestros, o de nuestros enemigos? 14El respondió: No; más como **Príncipe del ejército de Jehová** he venido ahora. Entonces Josué, postrándose sobre su rostro en tierra, le adoró; y le dijo: ¿Qué dice mi Señor a su siervo? 15Y el Príncipe del ejército de Jehová respondió a Josué: Quita el calzado de tus pies, porque el lugar donde estás es santo. Y Josué así lo hizo.

Isaías 14:27

> 27Porque *Jehová de los ejércitos* lo ha determinado, ¿y quién lo impedirá? Y su mano extendida, ¿quién la hará retroceder?

1 Samuel 17:45-47

> Entonces dijo David al filisteo: Tú vienes a mí con espada y lanza y jabalina; mas yo vengo a ti en el nombre *de Jehová de los ejércitos, el Dios de los escuadrones de Israel*, a quien tú has provocado. 46Jehová te entregará hoy en mi mano, y yo te venceré, y te cortaré la cabeza, y daré hoy los cuerpos de los filisteos a las aves del cielo y a las bestias de la tierra; y toda la tierra sabrá que hay Dios en Israel. 47Y sabrá toda esta congregación que Jehová no salva con espada y con lanza; porque de Jehová es la batalla, y él os entregará en nuestras manos.

Santidad:

Hebreos 12:14

> Seguid la paz con todos, y la *santidad*, sin la cual nadie verá al Señor.

Amor:

1 Juan 4:8

> El que no ama, no ha conocido a Dios; porque *Dios es amor*.

Espíritu Santo: Nuestro Pastor

Isaías 63:14

> 14 El Espíritu de Jehová los pastoreó, como a una bestia que desciende al valle; así pastoreaste a tu pueblo, para hacerte nombre glorioso.

Zacarías 4:6

No con ejército, ni con fuerza, sino con mi Espíritu, ha dicho Jehová de los ejércitos.

Juan 14:15-17

Si me amáis, guardad mis mandamientos. 16Y yo rogaré al Padre, y os dará otro Consolador, para que esté con vosotros para siempre: 17el Espíritu de verdad, al cual el mundo no puede recibir, porque no le ve, ni le conoce; pero vosotros le conocéis, porque mora con vosotros, y estará en vosotros.

Juan 14:24-25

Os he dicho estas cosas estando con vosotros. Mas el Consolador, el Espíritu Santo, a quien el Padre enviará en mi nombre, él os enseñará todas las cosas, y os recordará todo lo que yo os he dicho.

Juan 16:7-8

Pero yo os digo la verdad: Os conviene que yo me vaya; porque si no me fuera, el Consolador no vendría a vosotros; mas si me fuere, os lo enviaré. 8Y cuando él venga, convencerá al mundo de pecado, de justicia y de juicio.

Obediencia: escuchar y hacer

Hebreos 5:8-9

Y aunque era Hijo, por lo que padeció aprendió la obediencia; 9y habiendo sido perfeccionado, vino a ser autor de eterna salvación para todos los que le obedecen.

Cumplir: Glorificar a Dios acabando la obra que Él nos dio para que hiciéramos.

Juan 17:4

Yo te he glorificado en la tierra; he acabado la obra que me diste que hiciese.

Juan 15:8

En esto es glorificado mi Padre, en que llevéis mucho fruto, y seáis así mis discípulos.

Gran mandamiento:

Lucas 10:27-28

Aquél, respondiendo, dijo: Amarás al Señor tu Dios con todo tu corazón, y con toda tu alma, y con todas tus fuerzas, y con toda tu mente; y a tu prójimo como a ti mismo. 28Y le dijo: Bien has respondido; haz esto, y vivirás.

Gran comisión:

Mateo 28:18-19

Y Jesús se acercó y les habló diciendo: Toda potestad me es dada en el cielo y en la tierra. Por tanto, id, y haced discípulos a todas las naciones, bautizándolos en el nombre del Padre, y del Hijo, y del Espíritu Santo.

Dar a luz:

No se puede alcanzar lo que no ha existido, no puede existir lo que no ha nacido, no nace nada vivo sin darlo a luz primero.

Gálatas 4:19

Hijitos míos, por quienes vuelvo a sufrir dolores de parto, hasta que Cristo sea formado en vosotros.

Avivamiento:

El avivamiento es una visitación poderosa del Espíritu Santo, que fluye para salvar, sanar y liberar.

Cantares 2:10-14

Mi amado habló, y me dijo: Levántate, oh amiga mía, hermosa mía, y ven. Porque he aquí ha pasado el invierno, Se ha mudado, la lluvia se fue; Se han mostrado las flores en la tierra, El tiempo de la canción ha venido. Y en nuestro país se ha oído la voz de la tórtola. La higuera ha echado sus higos,

Y las vides en cierne dieron olor; Levántate, oh amiga mía, hermosa mía, y ven.

Paloma mía, que estás en los agujeros de la peña, en lo escondido de escarpados parajes, Muéstrame tu rostro, hazme oír tu voz; Porque dulce es la voz tuya, y hermoso tu aspecto.

Generación:

Se levanta una Generación de pacto, fortaleza y éxito espiritual que bendiga las generaciones de la tierra para honra y gloria de Jesucristo, nuestro Señor y Salvador. Una generación radical, transformadora, punta de lanza, aguerrida, llena de gracia, amor y misericordia por los perdidos, próspera y adicta a la presencia de Dios en el Espíritu Santo.

Éxodo 3:6

Y dijo: Yo soy el Dios de tu padre, Dios de Abraham, Dios de Isaac, y Dios de Jacob.

Conclusión:

Como pueden ver es una visión clara, definida, específica, transformadora, violenta, de fuego, de convicción y sacrificio. La visión compartida de la iglesia local, como les mostré en el capítulo 1, debe involucrar los dones, los sueños, las cargas y las visiones personales de los miembros de la congregación. Al hacerlo, mantendremos a la gente con fuego, pasión, convicción y entrega. Ya que verán que sus visiones y llamamientos personales se cumplen en la visión compartida.

La misión

Visión es lo que nos marca el destino, el futuro y la dirección. La misión son las estrategias para lograr que la visión se cumpla. El cómo, los pasos, las decisiones y las estrategias para hacer la visión una realidad. Nuestra misión en Fuente de Avivamiento enfoca claramente hacia nuestra visión.

Por ejemplo el libro de los Jueces cierra diciendo no había rey en Israel y todo el mundo hacía lo que bien le parecía.

Jueces 21:25.

25 En estos días no había rey en Israel; cada uno hacía lo que bien le parecía.

Veamos el ejemplo de nuestra misión en Fuente de Avivamiento,

Nuestra misión:

Activar el Espíritu de Dios en la tierra del norte penetrando con poder el reino de las tinieblas con una alabanza extravagante. Desarrollando lideres transformadores de ciudades, por las casas y a las naciones.

Zacarías 6:8

Luego me llamó, y me habló diciendo: Mira, los que salieron hacia la tierra del norte hicieron reposar mi Espíritu en la tierra del norte.

Nuestra visión y misión es hacia el norte de los Estados Unidos. Tenemos la tarea de revolucionar esta región. Hemos recibido esta responsabilidad de hacer reposar su Espíritu en el norte. Dios ha llamado muchos al sur, a la Florida, y tenemos apóstoles poderosos en esos lugares, y también al este y al oeste. Sin embargo sabemos, y tenemos claro por el Espíritu Santo que nuestra responsabilidad es con el norte específicamente; donde la gente no quiere venir por causa del frío y de la inestabilidad de la población; por causa del bajo nivel cultural de la mayoría de las personas que viene a los Estados del norte; la dureza de corazón y la pobreza económica, entre otros. Sin embargo, Dios no se deja a sí mismo sin testimonio; nos ha enviado a nosotros y a otros a cambiar esta realidad en el norte de Los Estados Unidos.

Los valores del liderazgo como Iglesia

MISIÓN DE FORMACIÓN GENERACIONAL DE LÍDERES
Reclutar hombres y mujeres con una pasión genuina por crecer en:

* ADN de la Casa: visión, misión, valores.

* Evangelismo: La Gran Comisión "Antorchas".

* Siervos del reino: Funcionar en todas las áreas de la iglesia.

* Autoridad: Principios de honra y obediencia.

Impartición. La activación de lo impartido, lo enseñado y lo aprendido.

A) En cada nivel de entrenamiento, estaremos trabajando por un periodo de seis meses, con reuniones semanales de dos horas los sábados en la noche. Los primeros cuatro meses son de teoría y los dos siguientes de práctica.

B) Durante los dos meses de práctica, estaremos rotando a todos los nuevos miembros por todos los ministerios para que encuentren su llamamiento. Además, visitando las iglesias hermanas para ayudarles en todo lo que Dios disponga, puesto que la mentalidad y los valores del reino tienen que verse manifestados con en el mundo natural.

Nuestros valores de liderazgo como iglesia

Diez valores que líderes de IGLESIAS SALUDABLES practican:

1. amar a Dios	6. obediencia
2. amar al prójimo	7. creatividad
3. fidelidad	8. disponibilidad
4. pasión	9. mansedumbre
5. lealtad	10. integridad

Amar a Dios: adorando, sirviendo, honrando.

Amar al prójimo: afirmando, perdonando.

Lealtad: ser fiel a los líderes que Dios nos ha dado.

Fidelidad: cumplir con las tareas ministeriales que te soliciten, cuando te lo soliciten y a la hora que te lo soliciten.

Pasión: servir con espíritu, motivado para influenciar a otros.

Disponibilidad: estar presente todo el tiempo para garantizar visibilidad del liderazgo.

Docilidad: Tener un espíritu enseñable, dejarse guiar, formar e instruir por un mentor.

Obediencia: Escuchar, hacer y dar cuentas a las autoridades consistentemente.

Creatividad: abierto al cambio, resolver los problemas y conflictos proveyendo soluciones. Ser el mismo en privado y en público, de modo que lo que piensas, lo que dices y lo que haces sea una misma cosa.

Conclusión:

Todo lo descrito en este capítulo se resume en unos puntos muy claros. Es necesario que las iglesias definan no solo su visión, sino también su misión. Es importante que no busquen frases rebuscadas y hermosas que no se ponen en práctica y quedan colgadas en algún lugar. Esta debe ser una visión práctica, retenible y fácil de memorizar.

Una vez definida hay que alinear todo en la iglesia a esa visión y misión. Todo lo que se haga es para hacerla posible, los líderes que se formen en casa o vengan de afuera, tienen que entender y articular la visión antes de ocupar un puesto de liderazgo de alta influencia. La iglesia es un reflejo de sus líderes, enseña los valores de liderazgo aprendidos aquí o busca los propios. Lo importante es que se vivan, de lo contrario no serán valores. Usa la visión y los valores para corregir a tus líderes y para formar a tu gente.

Por ejemplo, cuando alguien no anda en santidad lo confrontamos con nuestra visión "Un ejército de Santidad......." lo mismo si no evangeliza, si no obedece, si no anda en orden. Recuerda, una iglesia establecida por Dios es tan fuerte como la fuerza de sus líderes. No hay excusa para no crecer, y producir discípulos de Cristo. La excusa es el principio de vida de los fracasados para no vivir en victoria. Mientras que otros alegan, que el éxito ministerial es suerte; nosotros les decimos: La suerte es la excusa de los irresponsables, para no asumir la responsabilidad por su falta de frutos en la vida. Veamos el capítulo próximo, aprendamos sobre el papel del Espíritu Santo en la Iglesia local sin Él, todo lo que hagamos será en vano.

V
EL ESPÍRITU SANTO EN LA IGLESIA LOCAL

Introducción

Estos principios traen el fuego de Dios a nuestra vida, y abren una puerta en el espíritu para que la presencia de Dios sea manifestada; para que en la persona de Jesús, todo lo que Dios es —su presencia, su poder y su esencia— sea trasmitido, sea impartido de una dimensión a otra. Al practicar estos principios, creamos la atmósfera del reino, donde cualquier cosa es posible. Entendemos que bajo el liderazgo del Espíritu Santo y como portadores de la unción, la presencia y el poder de Dios podemos desatar gracia, poder y virtud de una persona a otra, de una comunidad a otra, de una ciudad a otra y, finalmente, de una nación a otra. Al practicar estos principios, estamos creando la atmósfera del reino, en medio de la cual todo es posible, como dije anteriormente. Nosotros, como puertas del espíritu de Dios en la tierra, podemos cambiar la realidad y la opción de vida de cualquier persona que se expone a la unción de la casa Fuente de Avivamiento y de tu iglesia.

Principios para activar la manifestación del Espíritu Santo

¿Quién es el Espíritu Santo?

Es la tercera persona de Trinidad: Dios Padre, Dios Hijo y Dios Espíritu Santo. Por tanto, entendemos que es Dios mismo.

2 Corintios 3:17

> *Porque el Señor es el Espíritu; y donde está el Espíritu del Señor, allí hay libertad.*

El Espíritu como Dios mismo tiene todo poder, todo conocimiento, y está en todas partes.

Salmo 139:7-8

> *¿A dónde me iré de tu Espíritu?*
>
> *¿Y a dónde huiré de tu presencia?*
>
> *8 Si subiere a los cielos, allí estás tú;*
>
> *Y si en el Seol hiciere mi estrado, he aquí, allí tú estás.*

Es una persona espiritual que habla, piensa, tiene emociones y busca una relación con el hombre para restaurar la comunión con el Padre, y revelar la identidad de Jesús como el Mesías. Él quiere enseñarnos todas las cosas que Jesús enseñó a sus discípulos; y testificar a nuestro espíritu, que somos hijos e hijas de Dios.

El Espíritu habla:

Ezequiel 11:5

> *Y vino sobre mí el Espíritu de Jehová, y me dijo: Di: Así ha dicho Jehová*

Hechos 8:29

> *Y el Espíritu dijo a Felipe: Acércate y júntate a ese carro.*

El Espíritu tiene voluntad y toma decisiones:

Hechos 13:2

*Ministrando éstos al Señor, y ayunando, dijo el Espíritu Santo:
Apartadme a Bernabé y a Saulo para la obra a que los he llamado.*

El Espíritu se entristece:

Efesios 4:30

*Y **no** contristéis **al Espíritu** Santo de Dios, con el cual fuisteis
sellados para el día de la redención.*

Concluimos:

El Espíritu Santo es una persona divina que quiere tener una relación
con el hombre, y hablarnos cara a cara. El Espíritu quiere ser nuestro
amigo. Muchos se quejan de no tener un amigo o amiga. Pues bien, no
esperes más, entra al Lugar Secreto, e invoca su Nombre donde estés y
serás lleno de su presencia.

Cuando el Espíritu Santo habla:

1- Habla conforme a la voluntad de Dios.

2- Habla conforme a las Escrituras

3- Habla conforme a los propósitos de Dios para una persona
específica, un tiempo específico. (Habla buenas o malas noticias,
tristes o felices conforme a los hombres, pero siempre son con
propósito).

4- Habla para consolar, corregir, edificar, afirmar y dar esperanza.

Entendemos que la meta de Dios no es que seamos felices en la tierra,
sino que tengamos gozo, que seamos como Cristo; y que permanezcamos
firmes en sus caminos. La meta de Dios es que te parezcas a Cristo; por
tanto, lo que tenga que hacer para que eso suceda lo vas a hacer.

El lugar secreto:

Quiero compartir con ustedes algunos principios para desarrollar una amistad, permanente y duradera con el Espíritu Santo. Fíjate que dije amistad, esto toma tiempo, no hacemos amigos en un día, y mucho menos encontramos un amigo todos los días. Hay que ser paciente, persistente y crucificar la carne con su cansancio y autocomplacencia. Veamos…

Desarrollar una amistad con el Espíritu Santo: "El Lugar Secreto"

Texto: 2 Reyes 4:8-11

> *8 Aconteció también que un día pasaba Eliseo por Sunem; y había allí una mujer importante, que le invitaba insistentemente a que comiese; y cuando él pasaba por allí, venía a la casa de ella a comer. 9 Y ella dijo a su marido: He aquí ahora, yo entiendo que éste que siempre pasa por nuestra casa, es varón santo de Dios. 10 Yo te ruego que hagamos un pequeño aposento de paredes, y pongamos allí cama, mesa, silla y candelero, para que cuando él viniere a nosotros, se quede en él.11 Y aconteció que un día vino él por allí, y se quedó en aquel aposento, y allí durmió.*

El lugar secreto es un lugar especial, donde separamos tiempo para estar con el Espíritu Santo; y conocer a Jesús. La sunamita preparó lugar para el profeta, un lugar especial desde el fondo de su corazón. Cuando el profeta pasó, se quedó en su casa. Este principio también lo vemos con Jesús cuando fue a preparar la Pascua, mandó a buscar al hombre que tenía el aposento alto ya preparado para él y sus discípulos. Vemos que a Jesús y al Espíritu Santo le agrada buscar lugares que ya estén preparados, para ellos morar. Comenzando desde tu corazón, tu casa, tu ciudad y tu nación. Es buscar un lugar en casa, y separarlo para uso exclusivo de Dios. Algunos con espacio en casa pueden tomar una habitación completa para este propósito, otros marcan un lugar donde puedan estar tranquilos y sin interrupciones: puede ser el baño; un rinconcito del cuarto; dentro de un closet; son inimaginables los lugares a los que el Espíritu Santo te guía para tener tu lugar secreto, solo busca de todo corazón.

En este lugar se establece la atmósfera del reino, y se acumula la presencia de Dios. Si le buscas todos los días experimentarás una nube de gloria que se crea en la atmósfera de ese lugar. Allí correrás cuando busques protección; cuando necesites ser afirmado en tu identidad; cuando estés triste, desanimado, y cansado; también cuando tengas que tomar decisiones importantes, y necesites dirección divina; y, sobre todo y en primer lugar, para conocer al Espíritu Santo; y desarrollar una amistad con Él, lo cual lleva tiempo, no es de la noche a la mañana, como dije anteriormente; de ahí, la importancia de permanecer en el lugar secreto pase lo que pase.

Recuerda el Espíritu Santo no es una paloma, no es un viento recio, no son lenguas extrañas, no es caer al piso, no son lágrimas, no es emocionalismo, todo esto son solo manifestaciones de su Presencia, más que todo eso Él es una persona divina; Él es Dios todopoderoso; omnipotente, omnisciente, omnipresente y omnividente.

Construyendo el lugar secreto:

¿Qué debo colocar en este lugar?

Aprende de la Sunamita: una mesa, una silla o tela donde sentarte, luz para poder leer, Biblia, aceite de unción, cuaderno y lápiz porque Él te hablará y debes estar listo para tomar nota. Y, por supuesto, música y adoración. Aprendamos de Eliseo, discípulo de Elías, para quien la Sunamita preparó el lugar.

2 Reyes 3:15

Mas ahora traedme un tañedor. Y mientras el tañedor tocaba,
la mano de Jehová vino sobre Eliseo,

¿Qué es un tañedor? ¿Por qué es tan importante la adoración en el lugar secreto. Veamos, cuál era la función de un tañedor en la antigüedad, y su implicación práctica para la iglesia de hoy.

Traducción del: 1. Heb. nâgan (formas del verbo), "tañer un instrumento de cuerdas". En la antigüedad con frecuencia se contrataban músicos para que sus suaves melodías aquietaran los espíritus perturbados, elevaran los pensamientos pesimistas y alegraran los corazones. Cuando Saúl estuvo atormentado por un espíritu maligno, encargó a David el cumplimiento del papel de músico en su corte (1 S. 16:14-18, 23), aunque no se le llama tañedor. Cuando Eliseo esperaba para conocer la voluntad de Dios, llamó a un **tañedor** (2 R. 3:13-15).

Dios entra en los lugares que a están preparados por fe, así como lo hizo Eliseo en este pasaje; y te aseguro que verás milagros como los vio la Sunamita. La bendición de una nueva vida, el fin de la infertilidad, la resurrección de todas las cosas, son solo unos pocos de los beneficios que recibe el que vive en el lugar secreto.

Estos pasajes te ayudarán a entender la importancia del Lugar Secreto

El Espíritu Santo y el lugar secreto

Dios nos hace llamado a entrar a sus aposentos y cerrar la puerta. Isaías 26:20

El visita los aposentos que están preparados. Marcos 14:12-17

Visita de Cristo en Pentecostés en el Aposento alto. Hechos 1:13

Dios ama el silencio. Sal 37:7; Isaías 42:14;

Dios ama el secreto. Jeremías. 23:21-22

En su secreto hay protección. Salmos 31:20

Él nos enseña en secreto. Salmos 51:6

Él nos revela sus secretos. Amós 3:7

Él quiere entregarnos sus secretos. Isaías 45:3

Él nos recompensa en público cuando andamos en secreto. Mateo 6:4-18.

Tres cosas que deben suceder en secreto: la oración, la ofrenda y el ayuno. Mateo 6

Actos proféticos:

Entendemos que los actos proféticos son parte de las armas entregadas por Dios a su pueblo para establecer su iglesia. Un acto profético es la capacidad y autoridad delegada al ser humano para hacer la voluntad de Dios. Un acto profético es una acción en el mundo natural que impacta el mundo espiritual, y regresa con resultados. El Espíritu Santo toma nuestra humanidad con nuestro consentimiento, y con el propósito de traer un avivamiento en sanidades y milagros.

Hacemos actos proféticos para cancelar maldiciones y activar bendiciones; para tomar territorios, para reclamar herencias que han sido robadas, para conquistar ciudades, casas y naciones. Cada acto profético no es una acción aislada de la fe y la Escritura. Si el acto profético no va acompañado de una fe genuina en Cristo, se convierte solo en una acción vana, sin ningún fruto. ¡Adelante! Busca a Dios a través de los métodos tradicionales de oración, ayuno y lectura de la Palabra; pero también te pedimos que dejes a Dios manifestarse completamente en tu vida por medio de "actos proféticos".

Palabra profética:

Nosotros somos embajadores del reino, y como tales somos portadores de su presencia. Nuestro Señor Jesucristo declaró que las palabras que Él habla son espíritu y son vida. Creemos que en el Nombre de Jesús; y por el poder del Espíritu Santo, tenemos acceso al mundo espiritual. Cristo con su muerte y resurrección, nos ha dado jurisdicción en el cielo y en la tierra. Por tanto, en nuestra Iglesia Fuente de Avivamiento, buscamos la presencia de Dios para fortalecer la revelación de nuestra autoridad en Cristo; para desatar destino a nuestro pueblo por medio de la palabra de ciencia y de la palabra de sabiduría. La palabra profética de sabiduría conforme a la Escritura declara revelación de actos, pensamientos y hechos; productos de un conocimiento profundo de la Escritura. Así como la habilidad de poner en práctica el conocimiento aprendido y aplicado a situaciones diarias de vida. Por otro lado, la palabra de ciencia, nos habla del conocimiento escondido que no puede ser revelado; a menos que el Espíritu Santo lo revele. Por medio del Espíritu Santo, Dios nos revela los secretos más escondidos en el corazón de los hombres, de modo que actos, pensamientos y declaraciones proféticas hechas en privado salen a la luz. De esta forma el pueblo recibe testimonio de que Dios habla hoy; como lo hizo ayer para edificar a Israel, y hoy a la Iglesia de Cristo.

Decretos proféticos:

Un decreto es una declaración profética respaldada por la fe, y no por un asentimiento mental o palabras positivas y de motivación del corazón del hombre. Cada decreto profético está respaldado por una verdad eterna revelada en la Escritura.

Por medio de los decretos proféticos, cancelamos maldiciones generacionales; entramos en guerra con las tinieblas, establecemos la voluntad de Dios en nuestra vida personal; nuestras casas, iglesias y ciudades. Un decreto es una declaración de fe, que se convierte en ley al soltar la palabra con la autoridad delegada del cielo por Jesús. Por la revelación del poder de la lengua, y de la palabra que sale de nuestra boca nos movemos en la jurisdicción que tenemos en los cielos y en la tierra. En la antigüedad, cuando un rey hablaba, lo que decía se convertía automáticamente en un decreto de Ley que tenía que ser cumplido y no podía ser abrogado; la única manera era decretando otro decreto contrario, como vemos en el capítulo 8 del libro de Ester.

Ester 1:19

Si parece bien al rey, salga un decreto real de vuestra majestad y se escriba entre las leyes de Persia y de Media, para que no sea quebrantado.

Ester 8:8

8 Escribid, pues, vosotros a los judíos como bien os pareciere, en nombre del rey, y selladlo con el anillo del rey; porque un edicto que se escribe en nombre del rey, y se sella con el anillo del rey, no puede ser revocado.

Nosotros hemos sido hechos reyes y sacerdotes para Dios nuestro Padre. Por tanto, ponte de pie ahora mismo donde estés; y lanza un decreto a los aires en contra de todo acto de tiniebla en tu vida y te será hecho. Activa tu fe abriendo tu boca a los cielos.

Imposición de manos:

La imposición de manos, de la cual se nos habla en Hebreos 6:2 es una de las doctrinas básicas de la Iglesia. Nuestra Iglesia Fuente de Avivamiento con una visión neo-testamentaria practica esta doctrina diariamente. La imposición de manos es una práctica espiritual por medio de la cual se transfieren, de una persona a otra, dones, virtud y unción con un propósito específico. La acumulación de fe, unción, gloria, dones y talentos son pasados de una generación a otra, por medio de la imposición de manos.

La iglesia practica esta doctrina con muchos propósitos, imponiendo una mano o ambas sobre el cuerpo de la persona recipiente de la bendición. A continuación daremos algunos de los pasajes bíblicos en los que Dios exhorta al uso de esta práctica para comisionar, afirmar y autorizar líderes para la obra del ministerio para impartir sanidad, paz y para avivar el don de Dios en otros. Hebreos 6:1-2, 1 Timoteo 4.14; 2 Timoteo 1.6, Hechos 6,1-6.

La Biblia nos advierte que solamente el presbiterio puede imponer manos sobre la gente. Es decir solamente los ancianos pueden imponer las manos sobre la cabeza del pueblo. El apóstol Pablo también exhortaba al joven Timoteo, a que no impusiera las manos con ligereza sobre las personas con el propósito de conservarse puro.

1 de Timoteo 5:22

> **22** *No impongas con ligereza las manos a ninguno, ni participes en pecados ajenos. Consérvate puro.*

Cabe señalar que también es importante tener revelación y discernimiento de los niveles de autoridad; ya que de acuerdo con la escritura, desde Génesis hasta Apocalipsis, el menor es bendecido por el mayor; y la imposición de manos es un canal de bendición para traer la revelación del reino de Dios a la tierra; y equipar a los santos para la obra del ministerio.

La imposición de manos debe hacerse bajo autoridad, con orden y solo por el gobierno de la Iglesia. Los hermanos y hermanas en Cristo de la iglesia local pueden poner las manos al orar sobre los hombros, la espalda y otros lugares apropiados; pero nunca sobre la cabeza, sino está establecido por la Iglesia Local, para ejercer tan importante función y doctrina en el Cuerpo de Cristo.

Ceremonia de unción:

Una de las prácticas más significativas y poderosas del pueblo de Dios es la ceremonia de unción, la cual era practicada para la consagración de personas, animales y cosas. La unción activa y la autoridad de Dios en nuestra vida es sumamente importante para una consagración total, ver las maravillas de Dios y que su gloria se manifieste sobre todo lo que hagamos y toquemos. Nos proponemos como Iglesia FDA poner un fundamento sólido para activar la práctica de esta poderosa ceremonia sobre todo lo que somos y tenemos, de una manera vívida, que impacte nuestra existencia. A lo largo de la Escritura, vemos el uso de la unción para consagrar reyes, profetas, sacerdotes, altares y templos; además, para sanar enfermos, confirmar un pacto, consagrar un evento, instituir un oficio, y como señal de juicio.

Con este principio, buscamos aumentar la fe del pueblo, para movernos al acto profético de ungir la congregación y sus bienes con el propósito de trasladar lo que poseemos y todo nuestro ser, alma, cuerpo y espíritu de las tinieblas a su Luz admirable.

¿Qué es la unción?

Unción:

Moshkja: Frotar con aceite, santificar, ungir, consagrar, elegir, untar, perfume precioso, riqueza, fama, carisma del Espíritu Santo, otorgamiento especifico, considerado como algo muy valioso.

Advertencia: La salvación es gratis; pero la unción no. Puede contaminarse y hay que pagar un precio por ella.

Eclesiastes 10:1

> *Las moscas muertas hacen heder y dar mal olor al perfume del perfumista; así una pequeña locura, al que es estimado como sabio y honorable.*

Cristo murió por todos nosotros en la Cruz del Calvario; y perdonó todos nuestros pecados. Por esto, la salvación de todo aquel que cree es completamente gratis; ahora bien, la unción viene por causa de permanecer en fidelidad al servicio de Cristo; por pagar el alto precio de la oración, el ayuno y la permanencia en el ministerio. En este sentido es que decimos que se paga un precio por ella, ya que teológicamente entendemos que todo lo que recibimos de Dios es por gracia.

En Eclesiastés 10:1 se nos indica que podemos estar por años levantando un ministerio, cuidando nuestro testimonio, y perderlo todo en un día. El escritor de Eclesiastés nos exhorta a pensar cada acción detalladamente. La revelación de esta palabra está bajo el entendimiento de que el perfume es una tipología de la unción; el perfumista es el Espíritu Santo; y las moscas, el pecado, los malos pensamientos y las acciones negativas.

El significado de la unción y sus propósitos fundamentales:

Señalamiento divino y honor especial

2 Crónicas 22:7

> *Pero esto venía de Dios, para que Ocozías fuese destruido*
> *viniendo a Joram; porque habiendo venido, salió con Joram*
> *contra Jehú hijo de Nimsi, al cual Jehová había ungido para que*
> *exterminara la familia de Acab.*

Privilegio especial y bendición de Dios:

Salmo 105:15

> [15] No toquéis, dijo, a mis ungidos, Ni hagáis mal a mis
> profetas.

Personajes bíblicos ungidos, quienes después de ser ungidos enfrentaron un reto personal de acuerdo con la potencia de la unción que recibieron:

- Aarón: Unción Levítico 8:10-12; reto personal Levítico 10:1-3

- Saúl: Unción 1 Samuel 10:1; reto personal 1 Samuel 11:6 -11

- David: Unción 1 Samuel 16:1-13; reto personal 1 Samuel 17:32-45

- Eliseo: Unción 2 Reyes 2:4-12; reto personal 2 Reyes 2:19-22

Conclusión:

Hemos estado enseñando sobre la unción y la gloria que es su presencia. Dios es uno, es todo unción y todo gloria. Dios no está dividido, y mucho menos desmembrado. Dios es perfecto; estamos hablando de las maneras en que Dios, en su divino poder escoge manifestarse al hombre según su propósito. Dios se manifiesta en el mundo natural en conexión con el mundo espiritual de acuerdo con su soberana voluntad. La unción y la gloria son las armas de avance del reino; el reino avanza a través de hombres y mujeres que le permiten a Dios usar su humanidad; y a través de Dios mismo, manifestar su presencia en medio de la adoración de su pueblo.

VI
EL ADN DE IGLESIAS SALUDABLES

Introducción

Recuerdo cuando era niño, tenía unos ocho o nueve años de edad. Un día sin pensarlo ni esperarlo tuve una visión de noche. Era un lugar remoto con una arquitectura antigua, todos vestían con ropas romanas y sandalias. Había una gran multitud, todos se agolpaban alrededor de un hombre, que juzgaba con pocas palabras y no admitía excusas de nadie. En el centro del cielo había un hoyo negro y obscuro con fuego en derredor. Este hombre mencionaba los nombres y apellidos de los juzgados, con fecha de nacimiento y defunción. Luego de esto, juzgaba; y señalándoles con el dedo, los introducía en este lugar horrible de un solo golpe. Esto lo hizo una y otra vez hasta llegar al último; al terminar se volteó hacia mí, quien atónito miraba como un espectador y me dijo con voz firme: "Ve y comparte con la gente lo que has visto y oído", entonces desperté.

Yo no conocía a Cristo, nadie en mi familia estaba convertido. Tampoco se congregaba en algún lugar. Así que nadie dijo mayor cosa al contar el sueño; solo se quedaron pensando en qué querría decir esa visión, ya que siempre hemos respetado los sueños. Luego, mi hermana Ismcivys Álvarez tuvo un sueño en el que yo era pastor de multitudes; al despertar lo contó a todos, pero como era de esperar, todos rieron; ya que nadie imaginaba que podía ser cierto. Pues, en ese tiempo, yo era bien rebelde, bailador, mujeriego y fiestero. Hoy vemos que el sueño se hizo realidad, estoy predicando a Cristo, la resurrección de los muertos, el arrepentimiento y el juicio venidero a las naciones; y nadie se ríe ahora. Te digo con convicción a ti que lees: la visión de Dios siempre se cumple, ten fe, y sé valiente.

Dios llama a hombres y mujeres al ministerio, e imparte su visión directamente al corazón del líder para que la comparta con otros. Es aquí cuando el ADN de la visión se establece; para dar a luz lo que será, pero que aún no es. Es esa foto mental del futuro en Dios para cada iglesia y ministerio que se establece en la tierra; y del que hemos hablado en el primer capítulo. En mi caso, tuve que pasar por la crisis de la muerte de mi primera esposa; y literalmente morir por unos instantes. Todo ungido de Dios pasará estas pruebas, de una manera u otra, para poder morir a la carne y a las pasiones de este mundo. A todo ungido como Jacob, antes de dar a luz una nación, Dios le cambiará su nombre de gusano a príncipe de Dios, príncipe de Israel que tuvo que pelear con Dios. Y como resultado quedó cojeando, pero su cojera impactó generaciones y está escrito que los judíos no comen el tendón del muslo hasta hoy.

Génesis 32: 24-32

> *24 Así se quedó Jacob solo; y luchó con él un varón hasta que rayaba el alba. 25 Y cuando el varón vio que no podía con él, tocó en el sitio del encaje de su muslo, y se descoyuntó el muslo de Jacob mientras con él luchaba. 26 Y dijo: Déjame, porque raya el alba. Y Jacob le respondió: No te dejaré, si no me bendices. 27 Y el varón le dijo: ¿Cuál es tu nombre? Y él respondió: Jacob. 28 Y el varón le dijo: No se dirá más tu nombre Jacob, sino Israel; porque has luchado con Dios y con los hombres, y has vencido. 29 Entonces Jacob le preguntó, y dijo: Declárame ahora tu nombre. Y el varón respondió: ¿Por qué me preguntas por mi nombre? Y lo bendijo allí. 30 Y llamó Jacob el nombre de aquel lugar, Peniel; porque dijo: Vi a Dios cara a cara, y fue librada mi alma. 31 Y cuando había pasado Peniel, le salió el sol; y cojeaba de su cadera. 32 Por esto no comen los hijos de Israel, hasta hoy día, del tendón que se contrajo, el cual está en el encaje del muslo; porque tocó a Jacob este sitio de su muslo en el tendón que se contrajo.*

La experiencia me ha mostrado que todo ungido de Dios, hombre o mujer, cojea; tiene algún dolor permanente en el alma. Dios lo ha salvado o rescatado de algún trauma físico, emocional, mental o espiritual. Ahora bien, a pesar de la recuperación, a pesar que hayas pasado por fuego y no huelas a humo como Dios promete, la verdad es que siempre estarás cojeando por dentro, y cualquiera que se toma un tiempo para conocerte más profundamente llorará con tu testimonio. No hablo de cojera de pecado; hablo del dolor en el alma, producto de nuestra humanidad. Que aunque hemos peleado con Dios; y vencido, en oración, ayunos y lamentos; las marcas del ministerio de Cristo se pueden encontrar en nuestras almas.

Esto nos lleva a la pregunta: ¿Qué es el ADN?

El ADN es la substancia que se encuentra en los cromosomas dentro de los núcleos de todas las células de un individuo; esta substancia provee el código genético que determina todas las características individuales de las personas. Por tanto, al hablar del ADN de iglesias saludables estamos hablando de la substancia y esencia de Dios. Esencia derramada sobre nuestra Iglesia en Cristo Jesús por el poder del Espíritu Santo para ser quienes somos, particular y específicamente, en nuestro contexto; y en relación con la visión global del Cuerpo de Cristo, y a las naciones.

El propósito nuestro es que el ADN de FDA se encuentre en cada acción, palabra, y pensamiento de nuestras congregaciones. Deseamos que nuestro ADN como Iglesia sea expresado a través de discípulos y líderes que gobiernan con autoridad para llegar a ser iglesias saludables en los núcleos de cada ministerio; redes de líderes, grupos familiares y gobierno. A través del ADN, estamos proveyendo todas las características esenciales de nuestros ministerios, como individuos y como congregación. La consecuencia de un cambio en el ADN de cualquier iglesia traería los mismos efectos, que trae un cambio de cromosomas en un cuerpo vivo; que no es otra cosa, que la deformación, el desorden y la destrucción del propósito original con el que tal organismo fue creado. Te exhortamos a abrazar el ADN de tu Iglesia como hijos de la casa; y a vivirlo como un estilo de vida.

¿Cuáles son los puntos vitales del ADN de iglesias saludables?

Presencia:

El relato de la creación comienza bajo el principio del diseño y formación del ambiente; antes de crear el producto que solo sobrevive en ese ambiente. Vemos el firmamento, el sol, la luna y las estrellas; por otro lado la tierra, las semillas, las plantas, los árboles de todo tipo y los animales; también el agua, la variedad de peces, y el aire para aves de todo tipo. Vemos que todo este fue hecho y puesto en un ambiente natural, pero el hombre fue puesto y creado en un ambiente natural con un elemento sobrenatural, puesto que Dios mismo se paseaba por el huerto y hablaba con el hombre.

Génesis 3:8

> *Y oyeron la voz de Jehová Dios que se paseaba en el huerto, al aire del día.*

Grandes hombres de Dios en el mundo, como el Dr. Miles Monroe, enseñan que la fuente de donde el hombre fue creado es Dios mismo, una fuente sobrenatural. Cada producto depende de su fuente y de su ambiente. El hombre depende de Dios para vivir; por eso entendemos que este fue puesto en un lugar sobrenatural, porque el Edén es el único lugar donde Dios se paseaba. No dice que se paseaba en toda la tierra, sino en el huerto del Edén, un lugar indeterminado que nadie podía hallar, un lugar sobrenatural.

Meditemos un poco en estas preguntas: ¿Por qué nadie lo ha podido hallar el Edén? ¿Por qué Dios le pidió al hombre fructificar y multiplicarse? ¿Solo para poblar la tierra?

Palabras clave

¿Qué es el ambiente?

Ambiente:

1. Atmósfera o aire de un lugar.

2. Conjunto de circunstancias, físicas y morales, que rodean a una persona o cosa: Siempre ha vivido en un ambiente pobre. Un sinónimo de ambiente es entorno.

3. Conjunto de circunstancias que hacen agradable la estancia en un lugar o acto: Me gusta el ambiente de este lugar.

4. Conjunto de factores que definen una sociedad determinada: Hizo un trabajo sobre el ambiente en España previo a la Guerra Civil.

5. Grupo social o profesional integrado por personas con características comunes.

¿Qué es el Edén?

Edén:

La palabra Edén suele ser utilizada como sinónimo de Paraíso. Sin embargo, la palabra «Paraíso» originalmente se refiere a un bello jardín extenso; mientras que «**Edén**» es una palabra de origen acadio, un pueblo de estirpe semita, cuyo significado se refiere a un lugar que es puro y natural. Así, Edén se refiere más bien a una región geográfica, mientras que el Paraíso se refiere a un lugar más específico (un huerto o jardín situado en la parte oriental de dicha región).

Árbol de la Vida: El fin de este era sostener la vida de Adán y Eva; mientras tuvieran acceso a él.

Árbol de la ciencia, del bien y el mal:

Concluimos que Dios plantó un huerto que es el ambiente perfecto para la existencia y el funcionamiento del hombre. Dios puso al hombre en conexión con su ambiente para que pudiera sobrevivir. No le permitió al ser humano buscarlo, sino que lo puso allí.

Revelación de la palabra Edén:

El Dr. Miles Monroe lo define como un lugar indeterminado; puerta abierta en el espíritu, donde Dios se pasea; momento, cielos. Es decir, es el lugar, el momento cuando la presencia de Dios es una puerta abierta a los cielos. Es maravilloso ver que en este ambiente, Adán vivía en la gloria; en la gracia, donde no tenía que hacer sacrificios; no tenía que buscar la presencia de Dios porque en su presencia caminaba, se movía, pensaba y vivía. Mientras estuvo en el Edén, ni siquiera tuvo que crecer porque fue creado adulto. El Edén era el ambiente perfecto para Adán. Es un ambiente donde podemos ser fructíferos, y multiplicarnos para tomar la tierra.

¡Advertencia! Quien intente producir, fructificar y multiplicarse fuera de la presencia de Dios tendrá que trabajar muy duro y depender de su mente, de sus propias ideas, pensamientos y experiencias para lograr algo de efectividad. Si no estás en la presencia de Dios los frutos de tu ministerio serán callos y sudor que se traducen hoy en stress, ansiedad, quejas, tensión familiar, falta de gozo y de amor por las almas. Desiste ahora mismo, ya que aunque hagas crecer el ministerio, la obra de Dios quedará separada del Dios de la obra, puesto que todo será hecho con tus propias fuerzas. Cuando hacemos esto dejamos de caminar en la visión de Dios, para caminar en la nuestra.

Consecuencias de funcionar fuera de la presencia:

- El primer ataque de Adán fue contra su mujer: violencia doméstica

- Crimen: Asesinato de Abel

- Problemas de celos entre hermanos, y esto incluye la Iglesia.

Todo esto es el resultado de la ausencia de Dios en un lugar. Llenemos de su presencia las ciudades, donde Dios nos ha llamado; vayamos y llevémosla para mantener el mal controlado. La práctica ministerial demuestra que los que buscan la presencia de Dios constantemente están descansados, renovados; y con mayores frutos de multiplicación en sus ministerios. Fructifica y multiplícate hasta que toda la tierra se convierta en un Edén. A mayor cantidad de hijos de Dios, mayor presencia; es por eso que la presencia de Dios sube en el lugar donde la iglesia crece. Esta es directamente proporcional a la cantidad de hijos de Dios genuinos que haya en un lugar específico.

Este sencillo principio revela que, mientras más hijos de Dios congregados y consagrados en santidad en un lugar; más presencia. Dios se manifestará en ese lugar específico, en tiempo, y espacio. Protegiendo el ambiente, protegemos el producto; protegiendo la tierra, cuidamos de las plantas y los animales; protegiendo los mares, ríos y océanos; cuidamos los peces; y protegiendo los aires, cuidamos las aves. Y protegiendo la presencia de Dios, protegemos al hombre y con ello la Gloria de Dios.

Ejemplo, Adán tenía que proteger el ambiente del Edén no comiendo del Árbol de la ciencia, del bien y del mal. Por esta causa murió espiritualmente; saca a un hombre de la presencia de Dios y MORIRÁ INEVITABLEMETE.

Hay tres palabras clave:

Ciencia:

Conjunto de conocimiento sistemáticamente estructurados y susceptibles de ser articulados unos con otros. Observación de patrones regulares de razonamientos; experimentación en ámbitos específicos, por medio de los cuales:

1. Se generan preguntas.

2. Se construyen hipótesis.

3. Se deducen principios.

4. Se elaboran leyes.

5. Se establecen sistemas metódicamente organizados.

Bien:

> *Todo lo que viene de Dios, y de su "Luz" es bueno.*

Santiago 1:7

> *Toda dádiva, todo don perfecto proviene de Dios el Padre de las luces.*

Mal:

Todo lo contrario a Dios, su voluntad, su Palabra, su presencia, su persona y su reino es malo y revela el mal.

La intención de Dios fue evitar que nosotros pusiéramos la mente antes que el espíritu; el razonamiento antes que la revelación; la ley antes que la gracia; la hipótesis antes que la tesis; dudas y preguntas antes que la certeza, la convicción y la sabiduría. Al comer del árbol de la ciencia, comimos comida chatarra; entonces comenzamos a poner lo natural, antes de lo sobrenatural. Cabe aclarar que la verdadera ciencia no es contraria a Dios, sino que afirma lo que Dios ya ha creado y puesto para ser descubierto por las civilizaciones humanas.

Por tanto, concluimos que el hombre es producto de lo que come, quien come sano estará sano, quien come mal, estará enfermo. Los problemas de salud por causa de la comida, incluyendo el sobrepeso, el colesterol, la presión alta, la diabetes etc. son producto de una pobre alimentación. De la misma manera, encontramos en la acción del hombre de comer del árbol de la ciencia, del bien y el mal, una consecuencia mayor que todas las antes mencionadas. Existe en él una oposición natural a todo lo que es sobrenatural; todo lo que proviene de fe, todo que es espiritual y carente de razonamiento. Se trata de una oposición natural a la presencia de Dios, y esto está matando a muchos líderes e iglesias.

Consideramos que de la misma manera que las semillas, las plantas y los árboles necesitan tierra; los peces, el agua; y las aves, el aire; **el hombre necesita la Presencia de Dios**. Mire que digo necesita, no es que la quiere; no es que la desea; no es una opción para el hombre la presencia de Dios. Es una necesidad vital como: comer, dormir, beber, tener sexo; escuche bien, que puse tener sexo dentro de las necesidades humanas básicas; porque quien no cree esto, terminará satisfaciendo, esta necesidad básica impropiamente cayendo en adulterio, fornicación, inmundicia, lascivia y orgías en un momento de locura hormonal. Por eso está escrito

1 Corintios 7:9

> *pero si no tienen don de continencia, cásense, pues mejor es casarse que estarse quemando.*

Necesidad significa:

- Hecho de que sea necesaria una cosa o haga falta de manera obligatoria para un fin: Amar a Dios

- Deseo o impulso que una persona siente de hacer una cosa: Buscar a Dios

- Carencia, privación de algo muy necesario para vivir, como alimentos o dinero para conseguirlos: la necesidad la presencia de Dios.

- Situación difícil en la que se encuentra una persona que tiene un grave problema personal. Estar sin Dios

El hombre tiene necesidad de significado, de propósito, de realización personal y de éxito. No he encontrado el primer hombre o mujer que quiera ser una fracasada o fracasado. El ambiente mantiene el producto vivo, y el hombre solo puede vivir eternamente en la presencia de Dios. Fuera de la presencia de Dios, el hombre funciona mal como los peces, las plantas y las aves sin agua, tierra y aire.

Vayamos más profundo:

¿Dónde comenzó el problema?

Génesis 2:16-17

> *16 Y mandó Jehová Dios al hombre, diciendo: De todo árbol del huerto podrás comer; 17 **mas del árbol de la ciencia del bien y del mal** no comerás; porque el día que de él comieres, ciertamente morirás.*

Dios ordena no comer de un solo árbol: el de la ciencia, del bien y del mal.

Comer del árbol de la ciencia le costó al hombre:

- La presencia de Jehová.

- El acceso al árbol de la vida.

- Le costó su eternidad.

Vemos que Dios, referente al árbol de la vida y del resto de los árboles, no pone restricción. De hecho, del árbol de la vida no se da ninguna orden específica. Sin embargo, como juicio, se impide al hombre alargar su mano y seguir comiendo de él.

Génesis 3:22

> *Y dijo Jehová Dios: He aquí el hombre es como uno de nosotros, sabiendo el bien y el mal; ahora, pues, que no alargue su*

*mano, y tome también del árbol de la vida, **y coma, y viva para
siempre**.*

Este pasaje revela que:

- Adán y Eva dependían del árbol de la vida para vivir para siempre.

- el árbol de la vida era su fuente de vida.

- el árbol de la vida era un sustituto de la presencia de Dios, para
vivir para siempre; porque el Hijo no había sido dado aún a los
hombres.

Dios es celoso de su presencia, y nosotros también debemos serlo.
No es fácil el camino del hombre de regreso a la presencia de Dios, ya
que el hombre fue echado de ella. Adán se convirtió en un contaminador
ambiental para el Edén en el momento que peca desobedeciendo a Dios;
y fue echado fuera. El pecado le hace a la presencia de Dios, lo que el
petróleo le hace a los mares.

Génesis 3: 23

> *Y lo sacó Jehová del huerto del Edén, para que labrase la
> tierra de que fue tomado. 24 Echó, pues, fuera al hombre, y puso
> al oriente del huerto de Edén querubines, y una espada encendida
> que se revolvía por todos lados, para guardar el camino del árbol de
> la vida.*

Los querubines son los ángeles de más alto rango y estatura en el
reino de Dios; encargados de proteger la presencia de Dios de toda
contaminación de pecado. Adán se convirtió en enemigo de la presencia
de Dios, de su ambiente. Por consiguiente, los querubines no permiten el
acceso al árbol de la vida a ningún pecador.

Éxodo 25:20

> *Y los querubines extenderán por encima las alas, cubriendo
> con sus alas el propiciatorio; sus rostros el uno enfrente del otro,
> mirando al propiciatorio los rostros de los querubines.*

Éxodo 25:22

Y de allí me declararé a ti, y hablaré contigo de sobre el propiciatorio, de entre los dos querubines que están sobre el arca del testimonio, todo lo que yo te mandare para los hijos de Israel.

Ezequiel 10:5

Y el estruendo de las alas de los querubines se oía hasta el atrio de afuera, como la voz del Dios Omnipotente cuando habla.

Los querubines guardan la presencia de Dios:

2 Samuel 6:2

Y se levantó David y partió de Baala de Judá con todo el pueblo que tenía consigo, para hacer pasar de allí el arca de Dios, sobre la cual era invocado el nombre de Jehová de los ejércitos, que mora entre los querubines.

2 Reyes 19:15

Y oró Ezequías delante de Jehová, diciendo: Jehová Dios de Israel, que moras entre los querubines, sólo tú eres Dios de todos los reinos de la tierra; tú hiciste el cielo y la tierra.

Dios tiene su propia atmósfera, y los querubines y los serafines tienen el trabajo de proteger su presencia. Dios es celoso de su presencia en tiempo y espacio.

Veamos un principio para recibir la revelación de la presencia de Dios:

Dios le dio una cita a Israel para manifestar su presencia:

Éxodo19:10

Y Jehová dijo a Moisés: Ve al pueblo, y santifícalos hoy y mañana; y laven sus vestidos,11 y estén preparados para el día tercero, porque al tercer día Jehová descenderá a ojos de todo el pueblo sobre el monte de Sinaí.

Dios se manifiesta en tiempo, hora y lugar. Por ejemplo, el culto en Fuente de Avivamiento comienza 7:30pm, y algunos llegan tarde, ¿por qué? porque no entienden el término presencia; y mucho menos lo que es una cita con su presencia como lo entendía Moisés.

Ex 19:10-11

10 Y Jehová dijo a Moisés: Ve al pueblo, y santifícalos hoy y mañana; y laven sus vestidos, y estén preparados para el día tercero, porque al tercer día Jehová descenderá a ojos de todo el pueblo sobre el monte de Sinaí.

Ven después de un culto a ver qué sientes. Y si sientes algo es menos que cuando estamos adorando y predicando la palabra de Dios. Cuando vemos que la gente se queda después del culto en una iglesia y no quieren ir a casa es señal de que la presencia de Dios está en ese lugar.

Génesis 3: 23

Y lo sacó Jehová del huerto del Edén, para que labrase la tierra de que fue tomado. 24 Echó, pues, fuera al hombre, y puso al oriente del huerto de Edén querubines, y una espada encendida que se revolvía por todos lados, para guardar el camino del árbol de la vida.

Jesús es el árbol de la vida hoy.

1 Juan 5:12

El que tiene al Hijo, tiene la vida; el que no tiene al Hijo de Dios no tiene la vida.

Dios intencionalmente guardó el camino al árbol de la vida; su intención era privar al hombre del privilegio de vivir eternamente. Para hacerlo le cortó el acceso al Árbol de la Vida, la única fuente en la tierra de vida eterna aparte de Dios mismo. Con el firme propósito de establecer a Jesús, simiente de la mujer, como la única alternativa de vida futura es que invertimos en nuestra gente.

El árbol es restaurado en el fin de los tiempos:

Apocalipsis 22:2

> *En medio de la calle de la ciudad, y a uno y otro lado del río, estaba el árbol de la vida,* **que produce doce frutos,** *dando cada mes su fruto; y las hojas del árbol eran para la sanidad de las naciones.*

Era la expectativa y sueño de Dios que el hombre primero fructificara; y luego se multiplicara. Los 12 frutos del árbol representan los 12 frutos del Espíritu Santo:

1. amor, 2. gozo, 3. paz, 4. paciencia, 5. benignidad, 6. bondad, 7. fe,

8. mansedumbre, 9. templanza, 10. justicia, 11. comunión 12. testimonio.

Antes de la multiplicación de una iglesia, un ministerio o el éxito personal hay que buscar fructificar los 12 meses del año. El propósito de Dios era no solo poblar la tierra, sino multiplicar el Edén a través de la multiplicación de Adán. El Dr. Miles Monroe ha declarado en tantas enseñanzas y predicaciones que la mayor maldición, en la raza humana es no tener la presencia de Dios. Yo lo creo y lo afirmo; que quien no tiene a Dios, aunque tenga pan, comida, sustento, abrigo, esposa, esposo, hijos e hijas, lo perderá todo. Ya que quien no tiene a Jehová como su Dios; a Jesús como su Señor y Salvador y al Espíritu Santo como amigo, morirá irremediablemente. Cuando los hombres quedan fuera de su presencia, inevitablemente no podrán cuidar ni sus bienes, ni su familia, ni aun su propia vida.

Dios está llamando a su pueblo a ser celosos de su presencia, a proteger la presencia que es el ambiente en el cual se manifiesta su gloria. Los querubines, por causa del pecado, no dejaban a Adán entrar a la presencia de Dios. Puesto que la presencia de Adán contaminaba el ambiente, como el petróleo a los mares, y los gases y humos industriales, la capa de ozono, la capa que protege la tierra de una destrucción solar y la vida de los árboles que producen oxígeno tan necesario para la vida humana. Por tanto, los querubines le impidieron el paso una y otra vez hasta que se dio por vencido. Me cuesta creer que él cedió tan fácil la presencia de Dios. Por eso Dios puso una puerta tan dura de pasar, sabiendo que siendo una necesidad humana, el hombre intentaría regresar de todas las formas posible y para evitarlo puso una barrera inquebrantable. Solo en Cristo Jesús la barrera desaparece, se rompe el velo y puedes entrar nuevamente a su presencia.

Somos portadores de su presencia

Juan 4:20

> *Nuestros padres adoraron en este monte, y vosotros decís que en Jerusalén es el lugar donde se debe adorar. 21 Jesús le dijo: Mujer, créeme, que la hora viene cuando ni en este monte ni en Jerusalén adoraréis al Padre.*

> *22 Vosotros adoráis lo que no sabéis; nosotros adoramos lo que sabemos; porque la salvación viene de los judíos. 23 Mas la hora viene, y ahora es, cuando los verdaderos adoradores adorarán al Padre en espíritu y en verdad; porque también el Padre tales adoradores busca que le adoren. 24 Dios es Espíritu; y los que le adoran, en espíritu y en verdad es necesario que adoren.*

La presencia de Dios es el ambiente natural para el Espíritu de Dios. La presencia de Dios es la atmósfera donde Dios habita. Entonces Dios dijo: "Tendré hijos". Hijos adoradores que llevarán y buscarán mi presencia. Hijos que necesitarán mi presencia como el oxígeno para vivir.

Entendemos, como declaramos al inicio, que a mayor cantidad de hijos más presencia. Donde vayan los hijos de Dios van allí estará su presencia. Esta es la razón por la que Dios quería esparcir sus hijos por toda la tierra. Este es el propósito de la Gran Comisión y puedo demostrar bíblicamente que hemos fallado más en cumplir la Gran Comisión que el Gran Mandamiento con todo lo que somos acusados de que no hay amor en las iglesias. Hemos fallado más en ir y predicar el evangelio y hacer discípulos que en hacer obras de amor por el prójimo.

Por eso, Dios se opuso a la torre de Babel porque los hombres querían dejar la presencia en un lugar específico, por eso permitió la destrucción del Templo de Dios en Jerusalén. La presencia de Dios no puede ser contenida en un lugar y quien lo intente, ministerio, denominación que lo pretenda perderá todo el fruto de su trabajo. Por eso te digo ¡Levántate, Pueblo, y protege la presencia de Dios y espárcela por todas partes!

Ahora no tenemos que ir a un lugar, adoraremos en Espíritu y en Verdad, somos templos móviles con una frecuencia espiritual mejor que la de T-Mobile, Verizon o AT & T. Nos movemos donde se mueve el Espíritu de Dios. Solo adora, ¡vamos adora! y protege su presencia. Los samaritanos buscan la montaña; los judíos, los templos y nosotros, la Presencia de Dios en el Espíritu Santo. Esta es la hora. Protege la presencia, amado hermano, donde quiera que esté en este momento. Sé fiel y sirve a Dios con entrega donde Él te ponga a servirle.

Conclusiones:

Protege la presencia de Dios en tu vida:

- Abraza a Jesús como la única esperanza y alternativa de vida.

- Pon a la ciencia en segundo lugar y al espíritu, en primero.

- Clama a Dios y pide: Separa la luz de las tinieblas en mí.

- Produce frutos antes de la multiplicación para que la cosecha permanezca.

- Santifícate y entra en la bendición del séptimo día. FDA está en su séptimo año. Entra en el reposo de Dios para este año 2013.

- Señorea y gobierna, activa la autoridad gubernamental que hay en tu vida.

La Presencia de Dios es la base vital de quienes somos y todo lo que hacemos como iglesia. Creemos que sin el liderazgo del Espíritu Santo jamás podremos pasar de los atrios al Lugar Santísimo. Entendemos por la presencia de Dios todo lo que Dios es: su esencia, su carácter, sus virtudes y su Persona revelada a través de la maravillosa persona de Cristo. Toda iglesia del reino debe ser intencional en crear espacios donde le permitamos a Dios manifestar su reino por medio de su presencia.

Mientras ministramos su gloria para poder efectuar un cambio de mentalidad, ya que solo en la gloria, el pueblo de Dios experimenta un cambio profundo y verdadero. En la gloria, dejamos de ser quienes somos para ser lo que Dios quiere que seamos. En la gloria de su presencia podemos ser en un momento todo lo que Dios declara en su Palabra que somos. Somos purificados, cambiados y mudados en otro hombre. Somos transformados en mujeres y hombres quebrantados por un toque de su presencia. Rogamos al Padre que no se apague el celo por su presencia en nuestras iglesias; que no se apague el deseo de buscarle continuamente en el lugar secreto. Rogamos ser llenos de una insatisfacción que no puede ser satisfecha para pasar de ser simples creyentes a ser adoradores. Adoradores con el poder de operar como portadores de su presencia en todo tiempo, lugar y circunstancia.

Poder:

De la misma manera que creemos que la presencia de Dios es Dios mismo manifestado a los hombres, creemos que el poder de Dios es revelado en la unción de Dios dada a sus hijos para establecer su reino y cumplir la Gran Comisión dada primero a Jesús y luego a nosotros. Creemos que Dios es uno, que no puede ser desmembrado o separado de sí mismo en presencia y unción como dos cualidades o atributos de Él. Por tanto, concluimos que su presencia y su poder no pueden ser separados. Ahora bien, Dios escoge manifestar su presencia o su poder en relación a la necesidad humana circunstancial, su propósito y voluntad para una generación específica. Siempre que el poder de Dios se manifiesta es para hacer guerra y desafiar las tinieblas y el poder de sus enemigos y aumentar la fe de sus hijos. Donde,quiera que veamos el poder de Dios manifestado, podemos dar por hecho que su presencia está presente. Ya que la unción emana de quien Dios es, sin embargo, del mismo modo podemos decir que muchas veces vemos su presencia manifestada a lo largo de las Escrituras; pero no su unción. Concluimos que siempre que está la unción, que es su Divino poder, está también su presencia, su presencia es el común denominador cada vez que Dios se manifiesta. Su presencia siempre está, haya manifestación de su unción o no.

Palabra:

El Dios Trino se ha dado a conocer a la generación humana desde el principio. Dios Padre, Dios Hijo y Dios Espíritu Santo existen por sí mismos de eternidad a eternidad, de luz a luz, de gloria en gloria. Hace 2000 años, Dios Padre derramó su amor sobre la tierra enviando a su único Hijo Jesús a morir por nuestros pecados en la cruz del Calvario. Fue entonces cuando el milagro más grande de todos los tiempos tuvo lugar en el vientre de una joven llamada María. Dios Hijo se hizo carne para morar entre nosotros y revelarnos al Padre e invitarnos a formar parte de la familia celestial. La Palabra se hizo carne, la palabra profética tomó vida, se hizo natural en nuestra realidad. La Palabra de Dios expresada en mandamientos, ordenanzas y estatutos dada a los hombres por medio de Moisés, no pudo hacer a los que la recibieron perfectos y santos ante los ojos de Aquel que les llamó hijos amados y nación santa.

El Verbo hecho carne modeló la paternidad de Dios delante de nuestros ojos. Cristo cumplió la Palabra en toda su extensión para que hoy podamos apelar a su justicia y ser justificados. En Fuente de Avivamiento, la Palabra de Dios es guía, fundamento y fuente de toda la ética cristiana. En su Palabra nos movemos, vivimos y caminamos. La Palabra de Dios es el filtro por medio del cual toda visión, misión y llamamiento es puesto a prueba. Todo lo que hacemos es expuesto a la luz de su Palabra para probar la compatibilidad de nuestros sueños y acciones con la voluntad absoluta de nuestro Dios y Padre.

Paternidad:

En estos postreros tiempos es cada vez más evidente que Dios está restaurando la paternidad. Que Dios está haciendo lo que prometió, volviendo el corazón de los padres sobre los hijos y de los hijos sobre los padres. Paradójicamente, al mismo tiempo que crece la violencia en las calles, y los hogares se destruyen por la ausencia de un padre en el seno familiar, Dios está obrando ricamente en los corazones de muchos. Pastores y líderes de todas las edades y trasfondos religiosos estamos entendiendo finalmente la necesidad de un mentor, un padre espiritual que te dé dirección y te afirme. La bondad de Dios para con la humanidad se encuentra escondida precisamente detrás de su paternidad.

En nuestra Iglesia Fuente de Avivamiento la paternidad es una columna y baluarte de nuestra verdad como iglesia. La unción de paternidad nos capacita como iglesias para formar hombres y mujeres para la obra del ministerio. La responsabilidad y los beneficios de un padre espiritual no es recibir diezmos, semillas y honra expresadas en palabras o servicio, sino, entrenar, equipar y corregir a sus hijos e hijas para llevarles a su destino. Los padres espirituales se aseguran de que la visión personal de sus hijos e hijas se cumpla para que lleguen a ser mayores que ellos mismos. Dondequiera que haya un líder de cualquier nivel inseguro, ves un líder que no tiene padre y, por tanto, carece de identidad y autoridad para ejercer su llamamiento.

Principios:

Un principio es una experiencia de vida, respaldada por una verdad eterna, y sustentada por las Escrituras. Los principios de vida aplicados a nuestras circunstancias nos llevan de una dimensión a otra, de una posición a otra; para luego testificar del poder de rompimiento sobrenatural escondido detrás de los principios dados por Dios. Fuente de Avivamiento es una iglesia en la que principios como honra, autoridad, servicio, siembra, unción, poder y presencia nos ayudan cada día a llegar a nuestro destino. Mientras, ayudamos a los hijos e hijas de la casa a dejar atrás la vieja manera de vivir; y cambiar su forma de pensar. Día tras día, vemos el poder transformador de estos principios en acción; aunque reconocemos lo difícil que es responder a los continuos retos de la vida, con una mentalidad renovada, y apoyada por decisiones que revelan una vida totalmente transformada por el poder del evangelio.

Liderazgo intencional:

Una iglesia es tan fuerte como la fuerza de sus líderes; ya que han sido los líderes los iniciadores y catalizadores de grandes movimientos a lo largo de toda la historia. Los principios más enseñados de liderazgo nos dicen que todo comienza o termina con un líder, y que el liderazgo es influencia. Por tanto, podemos concluir que Dios está buscando líderes genuinos, que se invierten en otros para traer su reino a la tierra. Por muchos años, la formación de líderes en nuestras iglesias ha sido accidental, de modo que los líderes llegaban a ser los más viejos de la congregación, los que llegan más temprano, los que más influencia tienen, aunque no necesariamente tengan mayor carácter y compromiso; muchas veces son los que le agradan al pastor, los que siempre están presentes en todas las actividades programadas, y finalmente, los que vienen a los cultos. Dios está llamándonos a formar discípulos radicales transformadores de ciudades, con la mentalidad del reino, con corazón de guerrero y amigos del Espíritu Santo. En nuestra iglesia Fuente de Avivamiento, la formación de liderazgo es intencional, es decir, intencionalmente te llevamos por un proceso claro, enfocado y sencillo para ayudar a cada creyente a llegar a su destino. Te llevaremos paso a paso, de ser un visitante, a ser un misionero, a ser un líder de antorchas, y finalmente un discípulo que se convierte en un capitán de 10, 50, 100 y de 1000.

Grupos familiares:

Nuestra iglesia no es una iglesia celular, es una iglesia en la que las células expresadas en grupos familiares, llamadas "**Antorchas**" juegan un papel determinante para cumplir nuestra visión y alcanzar nuestro destino. Dios nos ha dado una visión agresiva, de avance, de fuerza, de conquista y de poder sobrenatural con el propósito específico de traer un avivamiento al norte de los Estados Unidos. Usaremos el norte de los Estados Unidos como plataforma de lanzamiento global, predicando el evangelio del reino, por las casas, las comunidades y a las naciones. Las antorchas (grupos familiares) tienen el propósito de llevar el evangelio de Cristo donde la gente vive, trabaja y se desarrolla con un enfoque misionero de amor hacia los perdidos. El propósito es tomar una ciudad a la vez, una casa a la vez y a las naciones. Queremos ver el fuego del Espíritu Santo ardiendo como una antorcha que alumbre en lugar obscuro hasta que la luz de Cristo resplandezca en los corazones de los que se exponen al mensaje del evangelio.

Predicación apasionada:

Dios nos ha llamado a predicar un mensaje radical, transformador y del reino. Un mensaje con una unción paternal, de presencia y de poder fundamentados en la Palabra de Dios. La pasión y el fuego en cada mensaje y predicación se alimentan de la visión dada por Dios a nuestra iglesia y a nuestra comunidad; un poder que no se agota; ya que es el poder ilimitado del Espíritu Santo. Cada predicación está cargada de principios prácticos que imparten la presencia y persona de Jesucristo para provocar un cambio de vida y el arrepentimiento, respaldado por la convicción de cambio frente a la realidad del reino.

Adoración extravagante:

Estamos en los tiempos de la restauración de todas las cosas, de la restauración del Tabernáculo caído de David. Creemos que por medio de la adoración el pueblo es liberado, equipado y trasformado. Cada acto de alabanza es al mismo tiempo una acción de declaración profética en contra de todo principado y potestad. La adoración en cada iglesia tiene que ser una oportunidad para que jóvenes, ancianos y niños adoren al Señor juntamente y en armonía. La adoración prepara la dura tierra de nuestros corazones para recibir el alimento espiritual de la Palabra de Dios. La iglesia, en coordinación con sus ministros de alabanza, tiene que asegurarse de que las alabanzas ministradas al pueblo no respondan solamente a la necesidad personal y a las frustraciones, conflictos y situaciones de la vida cristiana de la iglesia. Necesitamos alabanzas poderosas que nos lleven a conocer más a Jesús; queremos enfocarnos en quien es Jesús, qué tiene para nosotros y sobre todo en traer su reino a la tierra. Por tanto, hay que enfocarse más en alabanzas que exalten su Nombre, que le adoren por quien Dios es. En pocas palabras, alabanzas que nos lleven a cambiar el socórreme, lléname, bendíceme; por te busco, te adoro, levanto mis manos a ti, te alabo por quien eres, por los que has hecho, etc. En fin, crear balance moviéndonos de nosotros a Él.

Mentalidad de multiplicación:

Entre los retos más grandes para un pastor está el discipular a una congregación y alcanzar una comunidad, lo cual no es posible sin usar el poder de la Palabra en el Espíritu Santo para cambiar la mentalidad de la gente. En Fuente de Avivamiento formamos discípulos radicales con la mentalidad del reino, corazón de guerrero y amigos del Espíritu Santo. La mentalidad de multiplicación tiene que ver con rompimiento de la mentalidad de limitación, escasez, pobreza y ruina. Somos una iglesia que planta otras iglesias, que tomamos bien en serio dar la gloria a Dios a través de llevar mucho fruto; ya que creemos que todo lo que tiene vida se multiplica, crece y se desarrolla para dar a luz los planes y las visiones de Dios.

Generosidad radical:

Dentro del contexto en el cual vivimos para la comunidad hispana de Norte América, encontramos algunos patrones de pobreza que lejos de ayudar al pueblo a conquistar sus promesas los atan, dejándolos cansados y sin esperanza de prosperar. Muchas de nuestras naciones son inestables emocionalmente, no se comprometen con Dios con sus diezmos y ofrendas. La Biblia enseña que la honra a Dios nos alarga los días y nos bendice con paz y tranquilad financiera. Los pastores estamos llamados a dar los diezmos de los diezmos, ofrendas, primicias y semillas para ver a Dios plenamente manifestado. Dar abundantemente y generosamente es una de las acciones que más revela el corazón de los hombres. Dar constituye el tercer nivel de honra que es el más alto de todos, ya que el tiempo es dinero; y el tiempo es el bien más preciado que tenemos porque no se puede recuperar. Los hijos de Dios tenemos la responsabilidad de ser inversionistas del reino, de financiar los planes de Dios en la tierra. Así como los hijos de las tinieblas financian su propia destrucción, muerte y condenación; así los hijos de Dios tenemos que dar frutos y financiar su reino para testimonio de todos.

Oración: Una Iglesia que ora es un iglesia que crece:

La oración es parte esencial de nuestra vida como iglesia, nos da el acceso al Padre para tomar por la fuerza y con violencia espiritual todo lo que nos ha sido entregado. La oración nos conecta con Dios para alimentar y fortalecer nuestra relación con el Padre como sus hijos e hijas. Además, nos alinea, posiciona y establece para cumplir nuestro destino en Cristo Jesús. La posición correcta para lograr una empresa y tener éxito en el mundo natural es sobre nuestros pies. Sin embargo, la posición correcta para entrar al cielo, tener éxito en toda obra natural y espiritual es sobre nuestras rodillas.

Constantemente enseñamos la necesidad de orar siempre, como lo hizo Jesús con sus discípulos. El Estado de Kentucky ha sido bañado en oración desde el 2005 por nuestra iglesia. La visión que Dios nos ha dado está fundada sobre siete años de ayunos y oración en la madrugada en la tarde y por las noches. Es hermoso ver a las mujeres y los niños orando, llegar debajo de la nieve con sus pequeños a derramar sus corazones delante de Dios. Es un testimonio sin igual que me ha retado a mí como pastor a seguir adelante, a buscar a Dios a tiempo y fuera de tiempo. La oración que leerán a continuación nació en el lugar secreto, después de realizar un fuerte estudio espiritual de la ciudad de Lexington y del estado de Kentucky.

Cada estado y región está sumergido en una realidad espiritual que escapa al ojo natural. Las verdades espirituales que se mueven detrás de la vida cotidiana de una ciudad específica son una realidad más tangible y palpable que la que se nos es permitido ver con nuestros ojos naturales.

Veamos: Oración profética de Kentucky de atar y desatar:

Oremos por Kentucky y todo el norte de EE.UU.

El logotipo The **"Unbridled Spirit"** significa espíritu desenfrenado, violento, orgulloso, descontrolado, licencioso.

Kentucky: Significa tierra sangrienta y obscura, río de sangre, tierra del mañana, pradera.

ORACION POR NUESTRO ESTADO:

Señor, todos tus hijos venimos delante de tu presencia a darte gracias, porque solo tu mereces toda la honra y la gloria. Nos ponemos toda la armadura de Dios como buenos soldados de Jesucristo, estamos firmes y ceñimos nuestros lomos con el cinturón de la verdad, nos vestimos con la coraza de justicia, calzamos nuestros pies con el apresto del evangelio de la paz y tomamos en la mano izquierda el escudo de la fe para apagar todos los dardos de fuego del maligno; en la mano derecha agarramos la Espada del Espíritu que es tu Palabra; y colocamos el yelmo de la salvación en nuestras cabezas para proteger nuestros pensamientos y renovar nuestra mente a la mente de Cristo.

Hemos venido para tomar autoridad y arrancar, destruir, arruinar y para derribar el espíritu violento, desenfrenado y licencioso de este Estado, y todo principado de idolatría y hechicería al espíritu de Grecia (Atena), de Absalón, y Jetsabel y enviarlo al abismo ahora mismo en el poderoso nombre de Jesucristo, desalojamos a Satanás y tomamos posesión de todo Kentucky y el norte de EE.UU., pues escrito está: Todo lo que pidiéremos en oración creyendo lo recibiremos y todo lo que atemos en la tierra será atado en los cielos y todo lo que desatemos en la tierra será desatado en los cielos.

Declaramos con autoridad en el nombre de Cristo Jesús que somos instrumento eficaz en tus manos Señor:

Jeremías 51: 20-22

> **Martillo** me sois, y **armas de guerra**; y por medio de ti quebrantaré **naciones**, y por medio de ti destruiré **reinos**. 21Por tu medio quebrantaré **caballos** y a sus **jinetes**, y por medio de ti quebrantaré carros y a los que en ellos suben. 22Asimismo por tu medio quebrantaré **hombres** y **mujeres**, y por medio de ti quebrantaré **viejos** y **jóvenes**, y por tu medio quebrantaré jóvenes y **vírgenes**.

Creemos y oramos esta Palabra para que impacte todo Kentucky y el norte de los EE.UU., reclamando todos los pueblos de este territorio sean blancos o negros, hispanos o asiático y todo ser viviente queda bajo el poder de esta oración y esta palabra tuya que no retornará vacía y ponemos muro de protección y que un vallado de Ángeles rodeen todo el territorio comenzando por Kentucky y partiendo desde los cuatro puntos cardinales. Atamos y sacamos primero al hombre fuerte (espíritu de Grecia, Absalón, Jetsabel) para poder sacar en victoria las potestades menores en el nombre de Jesucristo: adulterio, fornicación, inmundicia, autosexualidad, homosexualidad, lascivia, lujuria, orgías, necrofilia, bestialismo, incesto, pornografía, prostitución, idolatría, hechicería, pleitos, contiendas, envidia, ira, disensiones, homicidio, drogadicción, rebelión, glotonería, manipulación, tabaquismo, amor al dinero, obsesión, borracheras, divorcio, resentimiento, amargura, depresión, racismo, esclavitud, aborto, orgullo, robos, espíritu de mentira, violencia, desenfreno, descontrol, tráfico de menores y personas, corrupción, celos, hostilidad, timidez, temor, baja autoestima, inseguridad, dudas, culpa, soledad, injusticia, perversidad, avaricia, murmuración, injuria, altivez, desobediencia, deslealtad, frialdad espiritual, apatía, mudez a la acción de gracias a Dios, infidelidad, deshonra a los padres y cosas semejantes a estas acerca de las cuales nos amonesta tu Palabra que los que practican tales cosas no heredaran el reino de los cielos.

Hemos venido para edificar y plantar un nuevo Estado donde reine **Jesús** como **Señor** y **Salvador**, donde la **presencia del Espíritu Santo** cargue la atmósfera con esa paz que sobrepasa todo entendimiento y el amor de Dios sobreabunde en la Iglesia, la esposa del Cordero. Arrebatamos todo lo que nos pertenece, según el poder que actúa en nosotros. **Amén.**

Referencias bíblicas: Efesios 6:14-17, Efesios 3:20, Jeremías 1:10, Jeremías 51:20-22, Mateo 21:22, Apocalipsis 19:7

Oramos esta oración puestos de acuerdo. Entra en el lugar secreto y busca la oración específica para tu ciudad y tu nación. Dios quiere usarte para hacer su voluntad en la tierra. Adelante, el Espíritu Santo quiere usar tu cuerpo para ejecutar la voluntad de Dios en nuestras comunidades. Doblemos nuestras rodillas, y seamos guiados por el Espíritu de Dios a encontrar las estrategias específicas; para tomar el territorio que Dios te ha entregado para gobernar. Recuerda, tú y yo no fuimos enviados a una iglesia, somos enviados a territorios. Territorios donde el evangelio tiene que ser predicado y el reino de Dios establecido. Declaro que la oración no será solo conocimiento en tu vida, sino una revelación; que la practicarás y enseñarás a otros a buscar al Padre como lo hizo Jesús.

LAS CUATRO COLUMNAS QUE SOSTIENEN IGLESIAS SALUDABLES

Plantar iglesias es la manera más efectiva y duradera de cumplir la Gran Comisión y practicar el Gran Mandamiento. Iglesias que plantan otras iglesias con la mentalidad del reino y de multiplicación son las iglesias que están haciendo la diferencia en esta era posmoderna, cuando el amor de muchos se ha enfriado; y la falta de crédito de las instituciones tradicionales ha causado un desgaste en la fe y la espiritualidad de las últimas generaciones. La respuesta más efectiva a los cambiantes tiempos y necesidades de la gente es a través de un discipulado radical, genuino y transformador. La misión de Dios está basada en el discipulado a todas las naciones, ganando un alma a la vez, haciendo de cada creyente un discípulo de Cristo. Entendemos que Dios es el misionero por excelencia, el iniciador y ejecutivo de su propia misión. Nosotros como seres humanos, parte de su creación, prestamos nuestra humanidad al Espíritu Santo para ser sus colaboradores.

El Dios Trino, el Dios de la fe cristiana, es un Dios que se revela en amor a través del Padre; en gracia a través del Hijo; y en poder y comunión por medio del Espíritu Santo. Creemos que la completa expresión y manifestación del Dios misionero en la tierra se encuentra en Cristo Jesús, quien es al mismo tiempo Dios eterno y hombre; la máxima revelación de la verdad, conocida, palpada y vista por la humanidad. Consecuentemente, la única manera de mantener esta revelación viva en el corazón del mundo conocido y por conocer es haciendo discípulos de Cristo a las naciones. Un discípulo es uno que es como su Maestro en su forma de pensar, actuar y vivir. Podemos concluir que indudablemente las iglesias del reino están llamadas a hacer discípulos; en lugar de miembros, a separar de la multitud aquellos que quieren conocer y hacer la voluntad de Dios para sus vidas. Aquellos que no solo vienen por los panes y los peces; sino para tener un encuentro real con Dios y su presencia.

173

Los miembros de las iglesias se comprometen con las congregaciones, con las agendas personales de las iglesias y denominaciones; mientras que los discípulos se comprometen con la transformación de las comunidades y con traer la manifestación gloriosa de la presencia de Dios a las ciudades. Algunas de las preguntas radicales que toda iglesia y pastor tiene que enfrentar son: ¿Estamos haciendo discípulos? ¿tenemos un proceso intencional para hacer discípulos?, ¿cómo sabemos que hemos formado uno? Finalmente, ¿cómo un discípulo reclutado, equipado y trasformado por el Espíritu Santo se convierte en un arma letal para las tinieblas mientras al mismo tiempo se convierte en un agente de cambio para su contexto y comunidad?

El modelo que estoy proponiendo es un modelo efectivo apoyado por un sistema generativo que no se cierra ni termina. Creemos que estamos llamados a establecer los puntos de predicación que se transforman en grupos familiares en las casas que llamamos "Antorchas" y luego se convierten en comunidades de fe, que llegan a ser iglesias misionales, luego iglesias locales establecidas; para finalmente llegar a ser iglesias madres de otras iglesias.

Solo los discípulos hacen de la Gran Comisión una realidad inminente mediante el establecimiento de estas cuatro fuertes columnas desde el primer día que comenzamos a plantar o revitalizar una congregación; nos proponemos ejecutar la Gran Comisión. Mientras, cada grupo familiar e iglesias completan uno de los puntos de este proceso de automanifestación de la Iglesia de Cristo en la comunidad donde ha sido establecida por el Padre.

Autogobierno:

Por autogobierno entendemos la capacidad que tiene una Iglesia misional o independiente de gobernarse a sí misma. El gobierno es la forma más efectiva de establecer el reino de Dios. Donde no hay gobierno no hay orden, las prioridades de la iglesia se alteran y la cosecha se pierde. Creemos que cada iglesia tiene la responsabilidad de recoger la cosecha de almas de la comunidad donde le ha tocado servir a Dios; mientras extiende un manto de bendición y cobertura sobre su ciudad y región. Autogobierno es el primer nivel de madurez necesario para una casa culto o iglesia en la casa, y comunidad de fe. Este primer nivel que básicamente habla de establecer un liderazgo conexional, habla de ayudar a cada iglesia a caminar hacia su destino como una iglesia eficaz, efectiva, generadora de bendición y gracia mientras revela el ADN que Cristo estableció para su iglesia.

Autosostenimiento:

Creemos con todo nuestro corazón congregacional que Dios es bueno, que todo lo que crea lo sostiene, lo que sostiene, lo envía y lo que envía lo respalda. Los principios enseñados en este libro tienen el propósito de levantar y desarrollar iglesias saludables; enviadas a hacer la diferencia, a causar que las tinieblas dejen de ser, para que sea la luz de Cristo la que prevalezca en nuestras comunidades. Al declarar autosostenimiento como el segundo nivel de madurez, estamos expresando la necesidad de que las comunidades de fe, iglesias y grupos familiares dejen de ser entidades débiles y codependientes financieramente, para ser capaces de ejecutar su propia misión y se dueñas de su propio destino en Cristo Jesús.

Históricamente hemos visto como las misiones que se establecieron en siglos pasados, y aun hoy están destinadas a la dependencia total de la fuente que les formó, sean iglesias madres, como la católica, y muchas otras denominaciones. La intención fue buena, pero el proceso inefectivo ya que estas misiones nunca llegaron a su destino en Cristo, se convirtieron en pequeñas congregaciones incapacitadas para funcionar sin los recursos externos que las sustentan.

Por otro lado, a lo largo de la escritura vemos a nuestros padres de la fe: Abraham, Isaac, Jacob, Moisés y David conquistando el mundo para dar al pueblo de Dios. Ellos siempre fueron a Egipto y a las tribus vecinas a buscar los bienes para dar a su pueblo. Entendemos bajo este principio que las iglesias del siglo 21 tenemos que aprender a ir al Egipto de nuestros tiempos, que es nuestra sociedad consumista y digitalizada para traer los fondos que necesitamos para establecer el reino de Dios. Tenemos que aprender el arte de hacer negocios legales y dirigidos por el Espíritu Santo; para generar nuestros propios fondos y expandir el reino de Dios en la tierra. El pastor y líder de cualquier organización que no tenga el levantar fondos, como un área a desarrollar en su vida, estará siempre limitado ministerialmente.

Autoformación:

La formación espiritual de nuestras iglesias es un eslabón fundamental de nuestra visión y en la cadena del cumplimiento de la Gran Comisión. En Fuente de Avivamiento hemos creado diferentes escuelas con dicho propósito. El método tradicional de enseñanza es cada vez más difícil de continuar. Los altos precios por la educación;

las largas distancias y la vida cada vez más complicada de la gente, han llegado a ser un gran obstáculo para el desarrollo de discípulos efectivos. Históricamente encontramos que la autoridad de la enseñanza de las iglesias locales fue removida; para poner dicha responsabilidad sobre los hombros de los seminarios. Los seminarios comenzaron a formar los líderes de las iglesias, para ser teólogos, pero no líderes. Los forman para ser académicos, no pastores; por consiguiente tenemos pastores excelentes en teología, pero que les cuesta servir y proteger al pueblo. Dios en estos últimos tiempos está corrigiendo esta tendencia para restaurar la autoridad de la iglesia, de determinar quién puede enseñar su propio evangelio; cómo; y bajo qué términos. Creo con todo mi corazón que los seminarios están próximos a desaparecer en los próximos 100 años; a menos que decidan salir de Grecia y venir a Jerusalén. Es decir hacer su teología más práctica y suplir las necesidades académicas y de formación de las congregaciones.

La Iglesia del libro de los Hechos ha sido la iglesia más efectiva de todos los tiempos. Ellos discipulaban su propia gente mediante el principio de la experiencia con Dios; y el modelo de una vida genuina delante de los perdidos y sus discípulos. Este principio funcionó ayer y funcionara hoy; solo tenemos que desterrar el espíritu de Grecia de nuestras congregaciones de una vez y para siempre. Plantando iglesias saludables, donde la autoformación se convierta en la herramienta eficaz de Dios para lograr este fin. Al alcanzar este tercer nivel de madurez estamos cada vez más cerca de ser una iglesia fuerte, determinada y militante que impacte no solo nuestras comunidades, sino también las próximas generaciones.

Automultiplicación:

La automultiplicación es el cuarto nivel de madurez para alcanzar la total expresión y manifestación de todo el propósito de Dios para una iglesia determinada. Hemos dicho y declarado continuamente que estamos buscando plantar iglesias madres que plantan otras iglesias; iglesias que forman discípulos, discípulos que más tarde son enviados a comenzar nuevas obras alrededor del mundo. Discípulos que sencillamente forman parte de un esfuerzo misionero para plantar iglesias saludables que hacen la diferencia. Dichas iglesias descritas anteriormente se convierten en iglesias transformadoras de ciudades; iglesias que hacen que el reino venga por la fuerza. Es nuestra meta que cada una de nuestras iglesias se conviertan en una iglesia que planta otra; transmitiendo el ADN de la casa, tantas veces como Dios lo permita; sin corromper la información y esencia de nuestra base genética que se encuentra en nuestro ADN.

Hemos sido llamados a ser misioneros en este tiempo de cambio y reto, cuando el amor de muchos se ha enfriado. Esta mentalidad misionera de cambio, multiplicación y alcance del reino es la mentalidad que deseamos con todo el corazón que sea automultiplicada viralmente hasta formar un movimiento misional que sacuda e impacte el mundo de hoy; así como la Iglesia Primitiva del libro de los Hechos impactó el mundo de entonces.

Conclusión:

No caerán jamás las iglesias que se establecen teniendo en cuenta estas columnas: autogobierno, autoformación, automultiplicación y autosostenimiento con Cristo como fundamento y perito arquitecto. Estas cuatro columnas sostienen todo el exterior de la casa que son: Biblia, como base de doctrina; las tradiciones eclesiásticas; los sacramentos; la manifestación del Espíritu Santo en dones y frutos en la congregación y las obras sociales. Vemos la tendencia histórica de las iglesias a moverse a un extremo o al otro de estas fuentes. La iglesia es el producto de lo que enseña, ya que la fe viene por el oír y el oír por la palabra de Dios.

Visita una iglesia Católica, Metodista, Presbiteriana y experimentarás una alta dosis de tradiciones y sacramentos de una manera sublime y casi sacrosanta. Visita una iglesia Pentecostal, Asamblea de Dios, Carismática y experimentarás una fuerte unción para buscar y tener una experiencia con él.

El Espíritu Santo es de Dios, y no le pertenece a nadie y mucho menos a denominación alguna; pero no podemos negar que en estas iglesias se predica mucho sobre el Espíritu Santo, por tanto al entrar a esas congregaciones el nivel de fe es muy alto en esta área; entonces hablar en lenguas, profetizar, ser liberado y es mucho más fácil que suceda en estas congregaciones que en las anteriores. Lo mismo pasa con las iglesias bíblicas, por poner un nombre aunque todas lo son. Me refiero al fuerte énfasis en dominar la Palabra, estudios bíblicos, escuelas dominicales, como los discípulos de Cristo, iglesias Bautistas, entre otras. Otras son bien orientadas a las obras sociales y la santidad como la iglesia Metodista, Católica, Nazarenos, Bautistas. Por consiguiente, al ir a esas iglesias encontrarás gente santa, apartada para Dios, que sabe Biblia como pocos y ayudan a los pobres; pero no se mueve el Espíritu Santo como en las iglesias antes mencionadas.

Lo que trato de decir haciendo todas estas alusiones es que las iglesias que se mueven en todas las áreas, con un mensaje balanceado y sostenido por la práctica son las iglesias que trascenderán y harán la diferencia en los próximos mil años. Establezca primero las cuatro columnas aquí explicadas, pero no olvide balancear el mensaje para que produzca discípulos completos. Discípulos que entiendan que la tradición es importante; para saber de dónde venimos y puedan determinar a dónde vamos. La iglesia de Cristo tiene 2000 años de historia y de seguro todo lo que se ha practicado nos informa en el presente para adorar, administrar, ministrar y tomar decisiones. Hay muy poco de lo que se dice y sucede hoy que no se haya dicho y sucedido antes por muy revelador que parezca a aquellos que lo escuchan o ven por primera vez. Se necesitan discípulos con revelación y base bíblica como norma de la fe, y estilo de vida del reino; discípulos que busque con hambre y sed al Espíritu Santo y se rehúsen a vivir la vida cristiana sin tenerle como una Persona activa en su experiencia y ministerio; discípulos que honran la práctica de los sacramentos, dentro de la iglesia —el bautismo y la Santa Cena— y al practicarlos, lo que vivan sea más que un ritual, sino que sean vividamente transformados al exponerse a la práctica de ellos. Y sobre todo, discípulos que no se olviden de los pobres, de las viudas y de los huérfanos y que hagan obras de caridad al prójimo como una elevación de la santidad personal a la santidad social. Ya que la santidad que no santifica la comunidad donde vive es vana, es religión y está muy lejos de ser transformadora.

VIII
EJERCIENDO AUTORIDAD
GUBERNAMENTAL EN LA IGLESIA

El arte de juzgar justamente:

Hay una distorsión mental y práctica de la palabra juicio. Para muchos es algo malo, que solo le compete a Dios. Lo curioso es que solo aplicamos este falso entendimiento en todo lo concerniente a la iglesia. Nadie cuestiona el acto de juicio en nuestra sociedad, tenemos jueces, tribunales, abogados y policías que ejercen esta importante función que garantiza seguridad a la comunidad. Ahora bien, en la iglesia decimos cosas como: "yo no soy nadie para juzgar"; "solo Dios juzga"; "quien esté libre de pecado tire la primera piedra". Sin embargo, las Escrituras están llenas de ejemplos de liderazgo, donde juzgar es parte de las acciones gubernamentales para llevar al pueblo a su destino.

Por otro lado, uno de los mayores problemas que vemos hoy en las iglesias es el abuso de la autoridad. Sobre todo en las iglesias donde la única autoridad establecida es la del pastor. El apóstol Pablo nos enseña que el hombre espiritual juzga todas las cosas, pero él no es juzgado por nadie. En otro lugar, continúa diciendo: "el que no puede gobernar su casa, ¿cómo gobernará la casa de Dios? Veamos, otro gran líder de Dios, Moisés para entender que si practicáramos los principios establecidos por él en su ministerio, tendríamos iglesias más saludables. En el libro de Deuteronomio, Moisés se encuentra al final de su vida y después de 40 años de experiencia guiando a un pueblo rebelde y de dura cerviz, instruye a sus príncipes, ancianos, y gobernadores de la siguiente manera:

Principios de gobierno de acuerdo con Moisés

Deuteronomio 1:16-17

Oíd a vuestros hermanos y juzgar justamente.

16 Y entonces mandé a vuestros jueces, diciendo: Oíd entre vuestros hermanos, y juzgad justamente entre el hombre y su hermano, y el extranjero.

Estamos llamados a escuchar a todos sin importar su nivel de autoridad y llamamiento. Al hacerlo garantizamos que todos en la iglesia sientan que su opinión es importante. Y evita que los líderes en posiciones de liderazgo abusen de la autoridad. La pregunta es cómo garantizamos que los que busquen justicia y que los escuchen sientan que son importantes. ¿Cuáles son los principios para comunicarnos efectivamente? Muchos de los problemas en cualquier organización son causados por la falta de comunicación o la comunicación deficiente y en la mayoría de los casos falta de entrenamiento del liderazgo en el arte de comunicar correctamente. Veamos, algunos principios que ayudarán al líder a ser más efectivo e influyente dentro de su organización.

Principios de comunicación: Consejos para escuchar efectivamente

- Mire al que habla directamente a los ojos.

- No interrumpa a la persona que está hablando.

- Enfóquese en entender.

- Determine la necesidad del momento, es decir, qué le preocupa al que habla.

- Controle sus emociones.

- No juzgue antes de escuchar toda la historia.

- Haga un resumen de lo que oye a intervalos de tiempo regulares.

- Haga preguntas de clarificación, para entender mejor y comprobar que está escuchando bien.

- Haga del escuchar una prioridad.

Escuche a todos y la gente lo amará y le tendrá en alta estima como un líder justo y confiable. La gente está buscando a quien seguir, desean encontrar a alguien que los valore, los ame y los escuche. La mayor expresión de amor al pueblo es prestar atención a sus necesidades, pero sobre todo escuchar atentamente cada historia de vida, pues detrás de cada historia hay un testimonio de intervención divina.

Veamos el segundo principio que nos enseña Moisés,

- No hacer distinción de personas en el juicio entre el grande y el pequeño.

> [17]No hagáis distinción de persona en el juicio; así al pequeño como al grande oiréis

El abuso de autoridad y el favoritismo son prácticas tristemente muy frecuentes en las iglesias y en organizaciones. He visto mucho esto y me ha tocado corregirlo una y otra vez en mis años de ministerio. La tendencia es a determinar que el pastor y sus líderes tienen la razón; y también la última palabra. Mientras que los miembros sufren de falta de credibilidad, reconocimiento y respaldo. Moisés enseña en este principio, que hay que escuchar a todos por igual, sin importar el rango o la autoridad. Si en una iglesia, algún líder, incluyendo al pastor, se siente seguro mientras abusa de alguien física, sexual, emocional, o espiritualmente, la iglesia tiene problemas serios. Si alguien se atreve a decir a uno de los pequeñitos de Jesús: "Habla, es tu palabra contra la mía; y me creerán a mí por ser líder"; la iglesia está en serios problemas y no están para nada poniendo en práctica estos principios que nos enseña Moisés.

- No tengas temor de juzgar y ejercer autoridad porque el juicio es de Dios.

> *17b. No tendréis temor de ninguno, porque el juicio es de Dios;*

Cuanta ayuda brinda este principio al que está activamente en el liderazgo. Más de una vez todos hemos sentido miedo, temor, frío en el estómago, tensión al corregir a alguien de personalidad fuerte. Sobre todo porque estas personas usan la ira y el mal carácter para controlar y manipular; y sobre todo, para no escuchar la corrección, que saben que se merecen. Moisés nos enseña "no tengas miedo de ellos, porque el juicio es de Dios".

Al recibir esta revelación, se va el miedo, porque entendemos que somos representantes de Dios, que no juzgamos según nuestra propia ley. El juicio es de Dios, nosotros solo ponemos en práctica lo que la Palabra dice para cada situación y persona. Si no lo hacemos, entonces hacemos el juicio nuestro y nos ponemos en lugar de Dios. Quien no corrige demuestra que su temor a los hombres es mayor que el temor a Dios. Que su complacencia a los hombres es más importante que complacer y agradar a Dios. El apóstol Pablo tenía este principio muy claro

Gálatas 1:10

Pues, ¿busco ahora el favor de los hombres, o el de Dios? ¿O trato de agradar a los hombres? Pues si todavía agradara a los hombres, no sería siervo de Cristo.

Los líderes que quieren agradar al pueblo, y no hacer enojar a alguien aún no han aprendido que es imposible; que la gente es dueña de sus propias emociones, acciones y decisiones. A los líderes que buscan complacer al pueblo todo el tiempo, les espera el triste destino del Rey Saúl. Ahora bien, quiero aclarar, que eso no significa que andemos con látigo ofendiendo a todo el mundo, ya que eso va en contra del amor al prójimo. El mismo Pablo también enseña,

1 Corintios 9:19

Por lo cual, siendo libre de todos, me he hecho siervo de todos para ganar a mayor número.

Parece que hay una contradicción, agradamos a la gente o no. Lo que Pablo nos está diciendo es que puedes amar, servir y caminar una milla extra con la gente siempre y cuando el hacerlo no comprometamos nuestros valores cristianos, tu testimonio y tu integridad. Si pasas por encima de todo eso, para complacer a alguien, lo más probable es que estés enfermo de complacencia a los hombres más que a Dios, y te acabas de constituir tú mismo más misericordioso que Dios. Pero, para eso son estos principios, para que venga revelación a tu vida y salgas de donde estás. Necesitas un cambio de paradigma en tu liderazgo, de complacer a los hombres, a complacer a Dios. Aprende de Moisés, y serás libre como lo fue él, para llevar al pueblo a su destino.

- Delega y presta autoridad cuando el problema es muy difícil.

    17c y la causa que os fuere difícil, la traeréis a mí, y yo la oiré.

Este principio solo dice que aprendamos a pedir ayuda de nuestras autoridades. Muchos problemas se evitarían si prestáramos autoridad y sabiduría a tiempo frente a un problema difícil. Seamos humildes y busquemos el consejo piadoso; pues se nos exhorta que no nos hagamos sabios en nuestra propia opinión.

Proverbios 3:7

No seas sabio en tu propia opinión; Teme a Jehová, y apártate del mal.

Este último principio permite que el líder que está al frente pueda tener más tiempo para estar con Dios; para visionar, ver los problemas de la iglesia desde afuera, y proveer soluciones a tiempo. Si el líder termina cansado todos los días como lo estaba Moisés, el día que su suegro Jetro le enseñó este principio, es cuestión de tiempo para que se apague su lámpara, que se apague su pasión, que lo que le interesaba ya no le interese más; y aunque se puede confundir con falta de compromiso y fe, en el fondo, es solo cansancio.

Conclusión:

Siga estos principios y la justicia, la misericordia, el amor y el éxito ministerial lo seguirán a usted. Los líderes serán más cuidadosos al ministrar al pueblo y gobernarán en el temor de Dios. Por eso establecimos en nuestra iglesia un tribunal formal para escuchar y juzgar toda queja: el "Consejo de

Honor". Este ministerio tiene el propósito de juzgar líderes que abusen de la autoridad, pero sobre todo, para protegerlos de acusaciones y blasfemias. Quien tenga algo contra alguno de nuestros líderes, tiene que venir con dos o tres testigos delante del Consejo de Honor, como dice la escritura. Mientras que al mismo tiempo el pueblo tiene la seguridad de que serán escuchados y de que nadie está por encima de la visión y de la Palabra de Dios en la iglesia.

Mateo 18:16

Mas si no te oyere, toma aún contigo a uno o dos, para que en boca de dos o tres testigos conste toda palabra.

Por medio de esto hemos acabado con el chisme en la iglesia, ya que todos saben que no admitimos acusación sin fundamentos, y basadas en percepciones, buscamos hechos. En esto seguimos el ejemplo del apóstol Pablo; quien plantó y gobernó muchas iglesias y era hábil en la resolución de conflictos.

2 Corintios 13:1

Esta es la tercera vez que voy a vosotros. Por boca de dos o de tres testigos se decidirá todo asunto.

Protegemos a los que están en gobierno sin dejar de escuchar al pueblo y ser justos, sea grande o pequeño. Los líderes tenemos que aprender a gobernar, pasar del amor a las almas, al servicio constante para establecer un derecho de relación, para luego retarles a un cambio, y gobernar.

1 Timoteo 5:19

Contra un anciano no admitas acusación sino con dos o tres testigos.

B) El arte de corregir líderes fuertes dentro de la iglesia

Consejo de Honor:

El consejo de honor tiene como objetivo juzgar a los oficiales de la organización y líderes en general: líderes de antorchas (grupos familiares), y muchos otros ministerios a nivel de la Iglesia que cometan faltas a la moral, a la dignidad y el prestigio del Ejército de Santidad y Amor de la Iglesia Fuente de Avivamiento, poniendo en riesgo el cumplimiento de la Visión. El Consejo de honor se constituirá por los oficiales del gobierno, los ministros y ministerios vigentes en el momento de la falta; así como los ancianos de Fuente de Avivamiento. Estará presidido por el pastor de la iglesia, quien dictaminará la decisión final de todo el cuerpo de gobierno. Esto se hará después de haber oído, escuchado y valorado las declaraciones, opiniones y evaluaciones de los miembros del consejo y de la víctima o víctimas. El pastor preside en calidad de juez, pero siempre con un corazón de padre; bajo el entendimiento que el propósito de este aparato de orden es la reconciliación y la restauración.

Competencia:

La responsabilidad del Consejo de honor es velar por el cumplimiento de la visión enfatizando la declaración suprema: nadie está por encima de la visión de Dios para nuestra Iglesia Fuente de Avivamiento. El fin es corregir eficazmente a todo discípulo, líder, miembro u oficial que no esté caminando en amor y santidad, con un corazón de guerrero; la mentalidad del reino, y en amistad con el Espíritu Santo. Toda falta moral es una falta a la visión y a la confianza otorgada por el gobierno de Fuente de Avivamiento a toda persona que sirve en cualquier capacidad ministerial; por tanto se corrige apropiadamente.

Facultad y funciones:

1. Dictaminar castigos correccionales que deban imponerse a los líderes sancionados.

2. Ejercer gobierno como un solo cuerpo en autoridad y poder.

3. Traer a la mesa las máximas autoridades de la organización e informar debidamente a estas.

4. Buscar un juicio justo y digno para los miembros de la iglesia con el fin de restaurar al individuo; jamás de destruirlo.

5. Registrar formalmente los asuntos tratados durante la sesión de honor y enviar las cartas correspondientes a las partes interesadas que reflejen las decisiones y acuerdos tomados.

6. Acordar las notas de conceptos que deben ponerse en la hoja de servicio de los oficiales, líderes, ancianos, diáconos y obreros de la iglesia. Suspensión y destitución de los líderes según proceda.

El propósito de este aparato de gobierno "Consejo de Honor" es proteger la visión. Tengo el privilegio de ser el pastor principal de la iglesia Fuente de Avivamiento. Una iglesia visionaria que Dios nos ha permitido plantar en este último tiempo. Nuestra visión es clara y definida; ya que nos hemos propuesto hacer la voluntad de Dios, y recoger la cosecha de almas que Dios tiene preparadas en el Norte de los Estados Unidos.

El arte de delegar autoridad

Creo con todo el corazón que Dios es un Dios multigeneracional. El Dios de Abraham, Isaac y Jacob. Por tanto, la revelación de un visionario, comienza por entender, que si la visión es de Dios no la verá completamente realizada. Vemos en la Escritura que la visión divina de llevar a Israel a la tierra prometida tomó tres generaciones y más, hasta tomar posesión completamente de ella. Moisés en el capítulo 1 de Deuteronomio relata en el verso 10:

> Jehová vuestro Dios os ha multiplicado, y he aquí hoy vosotros sois como las estrellas del cielo en multitud.

Es decir, la promesa hecha a Abraham en Génesis 12 y 15 se cumple aquí; pero aún no habían entrado en la tierra prometida, ni la habían conquistado completamente. De hecho, Moisés muere antes de entrar, y solo puede ver la tierra prometida, o sea la visión de Dios, de lejos. Como vemos en esta poderosa historia el líder fundador del movimiento de liberación de Israel no vio la visión completamente realizada. Sin embargo, su capacidad de formar un líder sucesor, determinó el éxito de la visión.

Números 27:12-13

> *12 Jehová dijo a Moisés: Sube a este monte Abarim, y verás la tierra que he dado a los hijos de Israel.13 Y después que la hayas visto, tú también serás reunido a tu pueblo, como fue reunido tu hermano Aarón.*

Su sabiduría en el entrenamiento de líderes, como planteaba anteriormente, le permitió formar a Josué, quien lideró al pueblo a su destino. Quien forma líderes intencionalmente siempre cumplirá la visión de Dios. El arte de delegar autoridad es un arte que tiene que ser aprendido, y practicado si queremos ver el reino de Dios avanzar. Sabemos que solo hay autoridad en un hombre o una mujer bajo autoridad. Por tanto, primero nos sometemos a la autoridad de Dios, quien es la fuente de toda autoridad en la tierra debajo de la tierra y en los cielos. Esa autoridad que recibimos de Él es la que delegamos a hombres y mujeres con espíritu como lo fue Josué para Moisés. Veamos,

Principios de autoridad delegada

Josué es designado como sucesor de Moisés

Números 27:16-20

1. Una cabeza clara y definida.

> *16Ponga Jehová, Dios de los espíritus de toda carne, un varón sobre la congregación,*

2. Un líder que gobierna y pastorea al pueblo.

> *17 que salga delante de ellos y que entre delante de ellos, que los saque y los introduzca, para que la congregación de Jehová no sea como ovejas sin pastor.*

3. El gobierno y la autoridad delegada se transfieren, por la imposición de manos. Entendiendo que Jehová tiene los ojos puestos sobre todos los líderes; que sabe sus nombres, y cuándo están listos.

18 Y Jehová dijo a Moisés: Toma a Josué hijo de Nun, varón en el cual hay espíritu, y pondrás tu mano sobre él;

4. Los cargos que se dan con autoridad delegada se afirman en privado y en público.

19 y lo pondrás delante del sacerdote Eleazar, y delante de toda la congregación; y le darás el cargo en presencia de ellos. 20 Y pondrás de tu dignidad sobre él, para que toda la congregación de los hijos de Israel le obedezca.

5. El que sirve a la unción siempre termina ocupando el nivel de autoridad que ha servido y honrado.

22 Y Moisés hizo como Jehová le había mandado, pues tomó a Josué y lo puso delante del sacerdote Eleazar, y de toda la congregación; 23 y puso sobre él sus manos, y le dio el cargo, como Jehová había mandado por mano de Moisés.

La importancia de formar líderes que tomen nuestro lugar trasciende nuestra ganancia personal y nuestro deseo de realización ministerial. Dios cuenta con cada líder que formamos y los tiene en cuenta. Si eres un líder en la segunda línea de liderazgo de una organización, ministerio o iglesia, no tomes tu posición a la ligera. Dios tiene los ojos puestos sobre ti, sométete a tu líder y ayúdale a cumplir la visión que Dios le ha dado; ya que al hacerlo cumplirás la tuya propia.

Bien lo dijo el apóstol Pablo, ni el que riega, ni el que planta es algo. Más bien, la gloria sea a Dios que da el crecimiento. En otro lado él dice: la obra en el Señor no es en vano. Así, que lejos este de ti, desanimarte con mi declaración —"El líder muy poca veces ve la visión completamente realizada"— más bien alégrate, porque solo líderes con visiones personales, y por tanto pequeñas, verán su visión realizada en una sola generación. La visión del líder revela el tamaño de su Dios y su nivel de fe.

Conclusión:

La visión no se cumple por sí sola, no basta con que haya sido revelada y dada del cielo. Se necesita carácter para sostener los dones y talentos que harán la visión posible. Se necesita enfoque, romper con el mundo y los placeres de la vida para dar tu vida por otros. Hay que estar dispuesto a dormir poco, comer menos, leer mucho, escuchar a todos y obedecer tus autoridades. Las multitudes no saciaran tu alma, solo Jesús tiene el poder de apagar el dolor del corazón humano, llenar nuestro vacío y transformar nuestra mente. Recuerda que la visión es la gasolina que mantiene la pasión, el vigor, las ganas de servir a Dios y las fuerzas para soportar las pruebas. Pierde la visión y el propósito de Dios para tu vida y los perderás todo.

Israel dejó de ser una congregación tribal para convertirse en un reino. Es impresionante cómo el testimonio de Dios se mantuvo vigente hasta hoy. Todo comenzó con un hombre Abraham, el hombre tuvo un hijo, Isaac; el hijo tuvo dos: Essaú y Jacob. Jacob, tuvo diez hijos que se multiplicaron en diez tribus, y uno de ellos, José, tuvo dos hijos que se convirtieron en las últimas dos tribus para completar las 12. Entonces estaban listos para comenzar la multiplicación, entraron solo 75 en Egipto, pero salieron siendo una multitud. Luego, Dios levanta a Moisés, quien forma y entrena a Josué, quien conquista toda la tierra prometida; y a su vez establece jueces que gobernaron aun después de su muerte. Estos jueces mantuvieron al pueblo obedeciendo a Dios, alternando con periodos de desobediencia, por falta de liderazgo, hasta la llegada del primer rey, Saúl.

¿Qué los llevó hasta este nuevo estatus superior del reino? Entendamos que los principios que hemos visto fueron los que los llevó a organizarse hasta llegar a ser una nación poderosa y próspera iniciando con el reinado de Saúl, luego David, y por último, Salomón.

Es de vital importancia visualizar los resultados de esta poderosa elección de Jehová, quien por medio de Moisés, declaró a Josué como líder. Veremos en el próximo punto cómo el pueblo recibió a Josué, lo cual nos lleva al próximo poderoso principio gubernamental de conquista "El arte de sustituir o transferir líderes"

El arte de sustituir líderes

La sustitución de líderes es parte de nuestra realidad sin importar la organización o institución que sea. De hecho, una de las razones por las que formo líderes con tanta pasión es porque creo que a los líderes les pueden suceder varias cosas inevitablemente: envejecen y se retiran, mueren, los pueden asesinar, como lo hemos visto en la historia de la persecución de la iglesia; caer en pecado, desanimarse, perder la visión. Por otro lado, dejar de producir resultados, por estrés o problemas personales puede, en pocas palabras, bajar su rendimiento y ser despedidos. Solamente formando líderes incansablemente, intencionalmente podremos cumplir la visión y llegar a nuestro destino.

Nuestra amada Iglesia Metodista tiene un sistema de ministerio itinerante, transicional, siempre en movimiento. Sin embargo somos bastante inefectivos en la manera que se hacen las transiciones de líderes cada ciclo. El sistema en sí no es malo, lo que tenemos que hacer es enseñar a la iglesia y a las congregaciones a realizar estas transiciones de manera efectiva y saludable. Muchas congregaciones heridas y pastores resentidos, movidos por salarios y beneficios son el resultado de un sistema inefectivo de transición. El sistema itinerante es bíblico, apostólico, y probado históricamente; pero el motivo del traslado de los líderes debe ser siempre el crecimiento de la obra de Dios. Estos grandes líderes como Pablo se movían, por causa del crecimiento de las iglesias y la expansión del reino de Dios. Hoy en el siglo 21 nos movemos por decisiones administrativas, porque es el tiempo de movernos, y porque siempre lo hemos hecho así. Veamos que le sucedió a Josué una vez le fue delegada la autoridad,

Josué 1:16-18

> *16 Entonces respondieron a Josué, diciendo: Nosotros haremos todas las cosas que nos has mandado, e iremos adondequiera que nos mandes.*

Me impresiona el hecho de que la gente respetó el liderazgo de Moisés para hacer esta elección. Y responden en obediencia después de haber sido entrenados 40 años por Moisés. El pueblo responde "Haremos e iremos a donde quiera que nos envíes", lo cual es prueba de que la decisión fue de Dios y no de los hombres, el pueblo siempre confirma los dones, los llamamientos y los puestos de autoridad. Es a través de la iglesia que lo que Dios nos ha dicho en privado es respaldado en público. Pues está escrito, y tu Padre que te ve en secreto te recompensará en público.

> *17 De la manera que obedecimos a Moisés en todas las cosas, así te obedeceremos a ti; solamente que Jehová tu Dios esté contigo, como estuvo con Moisés.*

Ahora, honran a Moisés diciendo a Josué estaremos contigo, como estuvimos con el líder anterior. Este es resultado que buscamos cuando sustituimos un líder o lo transferimos a otra posición. La gente está esperando un líder ungido, lleno del Espíritu Santo y respaldado por Dios. Vemos aquí que si tal es el caso, el pueblo no pone resistencia. Buscamos que las congregaciones que reciben nuevos líderes, respondan en obediencia, y respalden el nuevo líder.

Les compartiré un secreto de liderazgo que me ha funcionado en estos años. Es para aplicarlo cuando tienes gente rebelde, orgullosa en puestos de liderazgo y no sabes cómo moverlos sin que te dividan la iglesia. Hablo de aquellos que se brindan a hacer todo en la iglesia, y cuando vienes a ver tienen las manos en todos los ministerios. Hablo de gente que luego de lograr ser casi imprescindibles se ponen en contra de la visión y del líder.

¿Saben de lo que hablo? Aquellos que se van, se ponen bravos y no llegan al culto para controlar al pastor; y como están en todo te paralizan la iglesia y se hace difícil funcionar sin la influencia de ellos. Aquí te va la estrategia, inventa un título bien grande dentro de la iglesia, se los das en privado y lo confirmas en público. Al crear el título o posición de la que te hablo, asegúrate de que no trabajarán con nuevos creyentes y de que no tengan autoridad sobre alguien inmaduro, ni sobre un ministerio vital. Los llamas y les entregas la posición, en la mayoría de los casos, aceptan regocijantes. Te parecerá una locura; pero funciona, ya que ellos buscan posiciones, títulos y reconocimiento. Cuando vienen a reaccionar ya es muy tarde; están fuera de la posición que antes tenían; posición en la cual gozaban de influencias, podían afectar negativamente a nuevos creyentes y tenían la oportunidad de dañar el liderazgo y atentar en contra de la visión. En cambio, en la posición nueva que le has colocado estarán rodeados de líderes maduros, fieles a la visión y el liderazgo; en fin líderes que no se dejarán manipular.

Quiero cerrar este punto haciendo la observación de que el pueblo de Israel tenía una sola petición. Y el líder que no la cumpliera, no podría mantener la posición; después de todo, el liderazgo verdadero es por influencia. El pueblo pidió "solamente que Jehová tu Dios esté contigo, como estuvo con Moisés". ¡Qué poderoso, solamente, solamente, que esté Dios contigo! Escucha bien, si no te aseguras de estar en el lugar secreto; y pasar tiempo con Dios, el pueblo verá que Dios no está contigo. El poder y la autoridad para hacer ministerio, y dirigir al pueblo, viene de una relación estrecha con Dios en privado, y el respaldo vendrá en público. La prueba del liderazgo de Josué no se hizo esperar; llegó el día de probar que Dios estaba con él, como estuvo con Moisés. Podrás engañar a todos haciendo creer al pueblo que eres un gran líder; y que Dios está contigo, pero te aseguro que el día de la prueba vendrá.

Josué 4:23

> 23Porque Jehová vuestro Dios secó las aguas del Jordán delante de vosotros, hasta que habíais pasado, a la manera que Jehová vuestro Dios lo había hecho en el Mar Rojo, el cual secó delante de nosotros hasta que pasamos.

A Josué no le tocó abrir el mar rojo, pero sí abrir el Jordán. Cuenta la historia que después de ese día, las naciones de Canaán temieron, y los Israelitas obedecieron a Josué para siempre hasta su muerte; y conquistaron la tierra. Si el pueblo ve que no hay respaldo del Espíritu Santo en ti dejara de seguirte. Recuerda, amado líder, todo lo que hagas asegúrate que la gente experimenta la presencia de Dios; y la gente te seguirá a donde quiera que vayas; a donde le digas, y harán lo que les pidas en Cristo.

El pueblo añadió:

> 18 Cualquiera que fuere rebelde a tu mandamiento, y no obedeciere a tus palabras en todas las cosas que le mandes, que muera; solamente que te esfuerces y seas valiente.

Por último, vemos que los rebeldes, los que no se someten a nada ni a nadie; los que afirman, una y otra vez, que conocen a Dios y que tienen una misión personal, mueren espiritualmente. Líderes con agendas escondidas, cuya misión no incluye a nadie; solo incluye a los que ellos quieren dirigir sin estar listos. Aquellos que confunden dones con carácter y se envían solos al ministerio. Aquellos que no tienen un mentor, un pastor, un padre o madre espiritual, y no quieren dar cuentas a nadie. Aquellos que dicen, solo Dios conoce mi corazón, pero es una excusa para declarar independencia e inmunidad a la corrección sabia y a la dirección, que alguien quiere ofrecerles para que puedan llegar a su destino.

En fin, aquellos que desafían cada uno de los principios descritos en este libro. A esos, les sucederá lo que el pueblo dijo a Josué, "morirán", no apedreados porque no estamos bajo la ley; pero morirán como murieron Adán y Eva, quienes estaban bajo la gracia, en la gloria, como lo está hoy la

Iglesia de Cristo. Morirán espiritualmente, poco a poco se van apagando, quedándose solos, y dejando sin pastor, a las ovejas sin entendimiento que una vez les siguieron. Te los encontrarás un día andando por el camino; y los verás fríos, apagados y sin fruto, pero queriendo convencerte de que todo está bien. Cuando ellos mismos no pueden ser convencidos de nada; sabiendo en su propio corazón, que los principios que les enseñaste les han juzgado, y que ciertamente hubo profeta entre ellos.

Ezequiel 2:5

Acaso ellos escuchen; pero si no escucharen, porque son una casa rebelde, siempre conocerán que hubo profeta entre ellos.

Hay muchos hijos e hijas espirituales que fallan en recibir herencia espiritual y destino por ser más fieles a la familia que a Dios. Creo con todo mi corazón que la primera responsabilidad de un padre y de una madre de familia es cuidar de ella. Lo contradictorio es que este mismo principio, nos lleva a velar que la familia busque y haga la voluntad de Dios en todo tiempo. Somos más fieles a la familia que a Dios, cuando vemos a nuestras esposas y esposos actuando mal; y no decimos nada y peor aún les apoyamos con nuestro silencio. Los vemos completamente equivocados, y en lugar de corregirles y mantenernos firmes, les damos la razón y justificamos sus acciones, delante del líder que está corrigiendo de parte de Dios.

En ese momento estamos siendo más fieles a la familia que a Dios; y terminamos perdiendo a todos ya que fuera de la voluntad de Dios, solo hay pérdidas, desconsuelo e insatisfacción. He visto mucho estos casos líderes con gran potencial que por causa de uno de los cónyuges pierde su llamamiento, su eficacia en la operación de los dones y la influencia para hacer grandes cosas para Dios. Te aconsejo humildemente, no hagas; ponte del lado de Dios, y de cualquiera que esté de su lado, justo, y salvarás tu familia; al principio será difícil, ya que todos queremos evitar conflictos matrimoniales. Pero te advierto: el precio de evitarlo mucho más alto que el de confrontarlos. Párate firme, y actúa como profeta de Dios para tu casa; y vendrá salvación de mano de Jehová.

PARTE III

Estrategias de multiplicación de iglesias del reino

IX
CAMINANDO BAJO CIELOS ABIERTOS PARA ESTABLECER EL REINO

Juan 1:51

> *Y le dijo: De cierto, de cierto os digo: De aquí adelante veréis el cielo abierto, y a los ángeles de Dios que suben y descienden sobre el Hijo del Hombre.*

Introducción:

Actualmente, cuando hablamos de los cielos pensamos en el vasto espacio por encima y por debajo de la tierra. Incluyendo el universo con su multitud de galaxias y estrellas. Los cielos son creación divina junto con la tierra, y esconden los misterios de Dios.

Deuteronomio 10:14

> *He aquí, de Jehová tu Dios son los cielos, y los cielos de los cielos, la tierra, y todas las cosas que hay en ella.*

El salmista declara en el Salmos 19:1 que "los cielos cuentan la gloria de Dios, Y el firmamento anuncia la obra de sus manos", pero no pueden contener su gloria. Salomón declaró en 2 Crónicas 2:6 que los cielos no pueden contener la grandeza de nuestro Dios. Dios quiere llevarnos a entender por medio de su Palabra, que nosotros necesitamos creer más allá de los cielos que vemos. El hombre solo puede caminar en la dimensión espiritual, por un rompimiento de lo natural a nivel de la mente. El espíritu humano está abierto a lo sobrenatural, pero la mente lo limita. Gobernados por la mente, solo así veremos los cielos naturales que estamos acostumbrados a ver, pero los cielos espirituales donde Dios habita, y que son fuente de toda creación solo es posible verlos con ojos espirituales.

Un discípulo con corazón de guerrero entiende la importancia de esta revelación. Los líderes gubernamentales de hoy se han propuesto caminar bajo una revelación constante determinada por cielos abiertos. Son líderes que se rehúsan a ser normales y a vivir bajo los prejuicios y paradigmas mentales de limitación, fracaso y ruina. Son líderes que entienden que su forma de vida es ser controversial y lo aceptan; bajo la revelación de que su guerra no es contra carne ni sangre, sino contra principados y potestades. Somos soldados espirituales con un campo de batalla en los cielos; que penetra lo natural a través del mundo de las ideas, de la mente y de nuestro espíritu. Nuestra lucha es contra principados y potestades en los cielos, específicamente en las regiones celestes; pero sin perder de perspectiva que del cielo también viene nuestra bendición, protección, revelación, estrategias de guerra, pactos y promesas de Dios.

Pregunto, ¿cómo pueden proceder el agua dulce y la amarga de la misma fuente? La respuesta es sencilla: la fuente no es física, y por tanto ilimitada, infinita, de múltiples accesos y salidas. Es la belleza de lo sobrenatural, muchos estudiosos dicen, que el infierno está debajo de la tierra. Todos sabemos que eso es relativo, la tierra es redonda y, por tanto, abajo es en cualquier dirección. Ni siquiera los cielos son los mismos de un país a otro, de un continente a otro.

Los cielos ocupan un lugar prominente en la vida del cristiano, ya que es la promesa de bendición y realización espiritual para estar para siempre con Jesús. En varios pasajes, aparece el cielo como morada de Dios y de los seres espirituales que con él habitan. Entendemos que el Padre está en los cielos, según las Escrituras.

Mateo 6:1; 16:17

> *Y que Jesús después de su resurrección ascendió al cielo Hechos 1:11 los cuales también les dijeron: Varones galileos, ¿por qué estáis mirando al cielo? Este mismo Jesús, que ha sido tomado de vosotros al cielo, así vendrá como le habéis visto ir al cielo. Y de allí volverá otra vez.*

1 Tesalonicenses 4:16

> *Porque el Señor mismo con voz de mando, con voz de arcángel,*
> *y con trompeta de Dios, descenderá del cielo; y los muertos en Cristo*
> *resucitarán primero.*

En Filipenses 2:10 se nos dice que Jesús se ha sentado a la diestra de Dios y en su **Nombre** que es sobre todo nombre se dobla toda rodilla de los que están en los cielos, en la tierra y en las aguas debajo de la tierra. Se nos exhorta a poner los ojos en las cosas de arriba:

Colosenses 3:1-2

> *Si, pues, habéis resucitado con Cristo, buscad las cosas de*
> *arriba, donde está Cristo sentado a la diestra de Dios. 2 Poned la*
> *mira en las cosas de arriba, no en las de la tierra.*

El cielo es un lugar de bendición y recompensa Juan 14:1-3; 1 P 1:4, mientras que el infierno promete tormento y miseria.

Juan 1:51

> *51 Y le dijo: De cierto, de cierto os digo: De aquí adelante*
> *veréis el cielo abierto, y a los ángeles de Dios que suben y descienden*
> *sobre el Hijo del Hombre.*

Nosotros tenemos que entender que hemos sido llamados a predicar el evangelio. Las buenas nuevas de un Dios que no se ve, por tanto, es necesario el poder sobrenatural de Él para ser efectivos. El vivir bajo la atmósfera sobrenatural de Dios no es una opción para aquellos que anhelan su gloria y quieren establecer su reino. El evangelio para que sea efectivo de acuerdo con el propósito del reino tiene que ser predicado desde una atmósfera de fe, de gloria, de cielos abiertos. Una atmósfera que se construye con adoración, oración, honra, autoridad y generosidad financiera. Todo esto, para producir verdaderos discípulos que puedan discipular las naciones; no hay nada más peligroso que predicar el evangelio desde una atmósfera muerta y fría, que solo producirá gente religiosa que llena las iglesias; pero que no transforman el mundo. Dios jamás te llevará más allá de tu conformidad, complacencia, hambre, sed de su presencia, su palabra y su revelación. En el momento que nos conformamos a lo natural dejaremos de ser transformados por el poder sobrenatural de Dios.

¿Cómo comenzamos a vivir bajo una atmósfera de cielos abiertos?

1. Bautismo

Mateo 3:16

> *Y Jesús, después que fue bautizado, subió luego del agua; y he aquí los cielos le fueron abiertos, y vio al Espíritu de Dios que descendía como paloma, y venía sobre él.*

Después de recibir a Cristo, el creyente confirma su fe con el bautismo de arrepentimiento. Después de este el primer paso, somos trasladados de las tinieblas a la luz; y confirmados como hijos de Dios. Es imposible caminar bajo cielos abiertos, sin haber sido bautizados. Al hacerlo, nos alineamos a la voluntad de Dios para nuestra vida y nos posicionamos bajo autoridad para ser llenos de sus dones, promesas y bendiciones.

2. Autoridad

Mateo 3:11, 13-15.

> *Yo a la verdad os bautizo en agua para arrepentimiento; pero el que viene tras mí, cuyo calzado yo no soy digno de llevar, es más poderoso que yo; él os bautizará en Espíritu Santo y fuego. 13 Entonces Jesús vino de Galilea a Juan al Jordán, para ser bautizado por él. 14 Mas Juan se le oponía, diciendo: Yo necesito ser bautizado por ti, ¿y tú vienes a mí? 15 Pero Jesús le respondió: Deja ahora, porque así conviene que cumplamos toda justicia. Entonces le dejó.*

Juan era la persona más poderosa de la tierra, el poseedor de la más alta autoridad divina delegada a un hombre hasta el momento del bautismo de Jesús. La autoridad del reino se activa al entrar en él; la revelación de la autoridad es fundamental para declarar rompimiento, y movernos bajo cielos abiertos.

La armadura, como el uniforme del soldado, representa el gobierno del reino. Los cielos abiertos no se dan sin pelear, las regiones celestes están llenas de demonios y espíritus de maldad. Nosotros entendemos que la guerra no es contra seres humanos, que Dios tiene expectativa de guerra sobre sus hijos, por eso nos entregó la armadura de Dios. Dios quiere que practiquemos estas verdades.

Efesios 6:11,13

> *Vestíos de toda la armadura de Dios, para que podáis estar firmes contra las asechanzas del diablo.13 Por tanto, tomad toda la armadura de Dios, para que podáis resistir en el día malo, y habiendo acabado todo, estar firmes.*

3. **Sacrificio:**

Alude a los que están dispuesto a dar la vida por causa del evangelio.

Hechos 7:56

> *y dijo: He aquí, veo los cielos abiertos, y al Hijo del Hombre que está a la diestra de Dios.*

4- Humildad:

Jehová promete habitar con los humildes:

Isaías 57:15

> *Porque así dijo el Alto y Sublime, el que habita la eternidad, y cuyo nombre es el Santo: Yo habito en la altura y la santidad, y con el quebrantado y humilde de espíritu, para hacer vivir el espíritu de los humildes, y para vivificar el corazón de los quebrantados.*

Dios promete el cielo a los humildes.

Mateo 5:3

> *Bienaventurados los pobres en espíritu, porque de ellos es el reino de los cielos.*

¿Cuándo los cielos nos son cerrados?

El enemigo principal que nos impide caminar bajo cielos abiertos, recibir la entrada al cielo es el orgullo. El orgullo aún puede causar que alguien sea echado del cielo. Este fue el pecado de Lucifer.

Isaías 14:13

> *Tú que decías en tu corazón: Subiré al cielo; en lo alto, junto a las estrellas de Dios, levantaré mi trono, y en el monte del testimonio me sentaré, a los lados del norte.*

Proverbios 21:4

> *Altivez de ojos, y orgullo de corazón, Y pensamiento de impíos, son pecado.*

La sumisión y la obediencia abre los cielos así como la rebeldía y la desobediencia los cierra.

Levítico 26:19

> *Y quebrantaré la soberbia de vuestro orgullo, y haré vuestro cielo como hierro, y vuestra tierra como bronce.*

Deuteronomio 28:15,23 15

> *Pero acontecerá, si no oyeres la voz de Jehová tu Dios, para procurar cumplir todos sus mandamientos y sus estatutos que yo te intimo hoy, que vendrán sobre ti todas estas maldiciones, y te alcanzarán. 23 Y los cielos que están sobre tu cabeza serán de bronce, y la tierra que está debajo de ti, de hierro.*

La voluntad de Dios es que vivamos bajo una cultura de cielos abiertos. Cuando nos ponemos en contacto con una unción apostólica, la primera consecuencia es querer ir más lejos, creer más, desea alcanzar nuevas metas matrimoniales, ministeriales, financieras, familiares y conquistar nuevos niveles de unción, y gloria. Te cansas de ser mediocre, promedio y tus ojos son abiertos para definir y examinar tu realidad cuando ya no puedes ser más engañado o manipulado por nadie. Por tanto, al diablo y a la gente no le conviene que usted entre en contacto con una unción como esta. Los hijos de Dios tienen que aprender a decir ¡vive Jehová en cuya presencia estoy! como decían los profetas Elías y Eliseo. La presencia de Dios y su palabra revelada en la vida de una persona le da total acceso a lo sobrenatural para desatar lo que Dios tiene, todos sus recursos, su poder y sobre todo su Persona.

¿Pueden los hijos de Dios caminar bajo cielos abiertos?

La Biblia revela que caminar bajo cielos abiertos era parte de la práctica del Antiguo y Nuevo testamento:

Antiguo Testamento: Cielos abiertos delante de los profetas:

Isaías: Isaías 6:1

> *En el año que murió el rey Usías vi yo al Señor sentado sobre un trono alto y sublime, y sus faldas llenaban el templo.*

Ezequiel:

Ezequiel 1:1

> *Aconteció en el año treinta, en el mes cuarto, a los cinco días del mes, que estando yo en medio de los cautivos junto al río Quebar, los cielos se abrieron, y vi visiones de Dios.*

Nuevo Testamento: Cielos abiertos delante de los apóstoles:

Esteban

Hechos 7:5

> *y dijo: He aquí, veo los cielos abiertos, y al Hijo del Hombre que está a la diestra de Dios.*

Pedro

Hechos 10:11-16

> *y vio el cielo abierto, y que descendía algo semejante a un gran lienzo, que atado de las cuatro puntas era bajado a la tierra; 12 en el cual había de todos los cuadrúpedos terrestres y reptiles y aves del cielo. 13 Y le vino una voz: Levántate, Pedro, mata y come. 14Entonces Pedro dijo: Señor, no; porque ninguna cosa común o inmunda he comido jamás. 15Volvió la voz a él la segunda vez: Lo que Dios limpió, no lo llames tú común. 16Esto se hizo tres veces; y aquel lienzo volvió a ser recogido en el cielo.*

Pablo

2 Corintios 12:2

> *Conozco a un hombre en Cristo, que hace catorce años (si en el cuerpo, no lo sé; si fuera del cuerpo, no lo sé; Dios lo sabe) fue arrebatado hasta el tercer cielo.*

Juan

Apocalipsis 4:1

> *Después de esto miré, y he aquí una **puerta abierta en el cielo**; y la primera voz que oí, como de trompeta, hablando conmigo, dijo: Sube acá*

Todos estos siervos se encontraban solos en el momento que experimentaba los cielos abiertos. Los cielos son un lugar donde el nuevo orden de Dios se manifiesta deshaciendo toda obra del diablo, donde Dios reemplaza el viejo orden, el pasado y el presente orden imperfecto. Dios abre los cielos para los que buscan su presencia, para los que buscan estar solos con Él. La soledad es un sentimiento negativo, que denota desconexión, tristeza, miedo y separación de todos y de todo. El estar solos con Dios es una decisión, donde buscamos a Dios en el lugar secreto, donde experimentamos su presencia, es un sentimiento de total conexión, paz, gozo en Cristo en Dios. Donde somos uno con el Dios que esté en todos y en todo.

Dios abre los cielos sobre aquellos que buscan estar solo con Él.

La presencia como un estilo de vida y no como un evento.

1 Reyes 17:1

> Entonces **Elías** tisbita, que era de los moradores de Galaad, dijo a Acab: **Vive Jehová Dios de Israel, en cuya presencia estoy**, que no habrá lluvia ni rocío en estos años, sino por mi palabra.

1 Reyes 18:15

> Y le dijo Elías: **vive Jehová de los ejércitos, en cuya presencia estoy**, que hoy me mostraré a él.

2 Reyes 3:14

> Y Eliseo dijo: **Vive Jehová de los ejércitos, en cuya presencia estoy**, que si no tuviese respeto al rostro de Josafat rey de Judá, no te mirara a ti, ni te viera.

2 Reyes 5:16

> Mas él dijo: Vive Jehová, en cuya presencia estoy, que no lo aceptaré.

Marcos 9:2 2

> Seis días después, Jesús tomó a Pedro, a Jacobo y a Juan, y **los llevó aparte solos** a un monte alto; y se transfiguró delante de ellos.

Jesús busca estar con aquellos que anhelan estar con Él y para ellos abre los cielos. Estos se abren ante aquellos que le dan a Jesús un lugar en el corazón. Jesús fue a preparar morada para nosotros en los cielos.

Juan 14:1-3

> *En la casa de mi Padre muchas moradas hay; si así no fuera,*
> *yo os lo hubiera dicho; voy, pues, a preparar lugar para vosotros. **3***
> *Y si me fuere y os preparare lugar, vendré otra vez, y os tomaré a mí*
> *mismo, para que donde yo estoy, vosotros también estéis.*

Jesús no podía entrar en nuestros corazones en su humanidad, era necesario irse y regresar en el Espíritu para morar en nosotros. Hace 2000 años Jesús ha estado preparando morada en nuestros corazones.

Dios creó la tierra en siete días, ¿ por qué ha necesitado tanto tiempo para preparar lugar para nosotros?

La respuesta a esta pregunta está escondida en Juan 14:3 "y vendré otra vez, y os tomaré a mí mismo" o sea a nosotros cuando lleguemos a ser uno con Él, para que estemos donde Él está, en los cielos donde no entra lo malo, lo pecaminoso, lo vil, lo corrupto y de estas cosas nos está limpiando Dios. Desde el momento que le damos a Jesús nuestro corazón Él comienza a preparar morada dentro de nosotros para que estemos con él. ¿Cuál es el problema? El problema es que le resistimos, no le dejamos, estamos llenos de problemas, orgullo, resentimiento, rebeldía, suciedad y dolor. Por eso Jesús dijo:

Mateo 8:20 Jesús le dijo:

> *Las zorras tienen guaridas, y las aves del cielo nidos; mas el*
> *Hijo del Hombre no tiene **dónde recostar su cabeza**.*

Jesús no tiene dónde recostar la cabeza dentro de nosotros. Estamos llenos de espinos, de piedras en nuestro corazón y el sembrador no puede sembrar la semilla del reino dentro de nuestros corazones que no es más que el cielo mismo. El cielo es un lugar firme, material, que podemos ver aunque no podemos palpar como he enseñado antes. Pero, también es un lugar espiritual, invisible, fuera y dentro de nosotros.

El mismo Dios sopló el cielo dentro de nosotros somos una combinación perfecta de cielo y tierra.

Génesis 2:7

> *Entonces Jehová Dios formó al hombre del polvo de la tierra, y*
> *sopló en su nariz aliento de vida, y fue el hombre un ser viviente.*

Efesios 2:6

> *y juntamente con él nos resucitó, y asimismo nos hizo sentar en los lugares celestiales con Cristo Jesús*

En nosotros se encuentra la herencia del primer Adán y el postrer Adán.

1 Corintios 15:45

> *Así también está escrito: Fue hecho el primer hombre Adán alma viviente; el postrer Adán, espíritu vivificante.*

Ambos luchan dentro de nuestro interior en una guerra que solo termina con la muerte y la resurrección para ir al lugar señalado por Dios para los santos, los que Jesús santificó, un lugar en los cielos.

Gálatas 2:20

> *Con Cristo estoy juntamente crucificado, y ya no vivo yo, mas vive Cristo en mí; y lo que ahora vivo en la carne, lo vivo en la fe del Hijo de Dios, el cual me amó y se entregó a sí mismo por mí.*

Entendemos que los cielos abiertos es un estado de presencia constante de Dios en nuestra vida a través de Jesús y por la presencia y el poder del Espíritu Santo. Tenemos que escoger entre el primer Adán y el Jesús postrero. Entonces veremos los cielos abiertos permanentemente, tenemos que **dar un lugar a Jesús donde recostar la cabeza** dentro de nosotros.

Cristo, quien ha abierto los cielos para nosotros, es la escalera al cielo.

Juan 1:51

> *Y les dijo: De cierto, de cierto os digo: **De aquí adelante veréis el cielo abierto**, y a los ángeles de Dios que suben y descienden sobre el Hijo del Hombre. Con esta declaración se estaba afirmando él mismo en el pasado con Jacob, uno de los padres de Israel.*

Génesis 28:12-13 12

> *Y soñó: y he aquí una escalera que estaba apoyada en tierra,*
> *y su extremo tocaba en el cielo; y **he aquí ángeles de Dios que***
> ***subían y descendían** por ella.*

> *13 Y he aquí, **Jehová estaba en lo alto de ella**, el cual dijo:*
> *Yo soy Jehová, el Dios de Abraham tu padre, y el Dios de Isaac; la*
> *tierra en que estás acostado te la daré a ti y a tu descendencia.*

Jehová en lo alto de ella apunta que Jesús es el único camino al padre.

Juan 14:6

> *Jesús le dijo: Yo soy el camino, y la verdad, y la vida; nadie*
> *viene al Padre, sino por mí.*

Propósito de los cielos abiertos:

Primero, antes de hablar del propósito de los cielos, quiero poner el fundamento: Dios es un Dios de propósitos, todo lo que Él ha hecho y hace hoy tiene una razón de ser. Todo lo que Dios crea lo crea con propósito y para un fin determinado. El propósito no es más que la revelación de la función original de una persona, animal o cosa. Toda la creación tiene un propósito, por tanto entendemos que el propósito no se crea, se descubre. Y la mayor tragedia natural no es morir un día, es vivir sin descubrir, desarrollar y manifestar el propósito original con el que fuimos creados. Nada podrá detener el propósito con el que fuimos creados y nadie que no descubra su propósito podrá caminar bajo cielos abiertos.

Proverbios 19:21

> *Muchos pensamientos hay en el corazón del hombre; Mas el*
> *consejo de Jehová permanecerá.*

Dios creo los cielos con el propósito de dar la lluvia sobre la tierra y mantener la creación. Dios creó las estrellas, el sol y la luna para regir los tiempos estaciones y los años. Dios creo lo cielos con el propósito de mostrarnos su grandeza y despertar la adoración en nosotros. Dios nos creo con el propósito que le adoremos a Él y no a su creación; la creación y los cielos fueron hechos por causa del hombre y no el hombre por causa de la creación y los cielos. La creación fue puesta al servicio del hombre desde el principio, y por medio de la adoración los adoradores entran al cielo.

Dios es un Dios de propósitos

Isaías 46:9-10

> 9Acordaos de las cosas pasadas desde los tiempos antiguos; porque yo soy Dios, y no hay otro Dios, y nada hay semejante a mí, 10que anuncio lo por venir desde el principio, y desde la antigüedad lo que aún no era hecho; que digo: **Mi consejo permanecerá, y haré todo lo que quiero**.

Dios termina algo y luego lo comienza. Todo lo que vemos hecho o comenzamos a ver es la evidencia de que ya está hecho. Cuando veo los cielos es evidencia de que mi morada está segura y que ya tuve victoria en contra de Satanás y sus ángeles. Dios solo comienza lo que ya ha terminado.

Mi llamamiento:

Jeremías 1:5

> 5Antes que te formase en el vientre te conocí, y antes que nacieses te santifiqué, te di por profeta a las naciones.

Jeremías fue hecho profeta primero y entonces nació. El día de mi nacimiento 25 de mayo de 1974 es realmente el día de mi manifestación a los hombres ya que para Dios ya había nacido en su mente. Yo no soy un accidente; fui concebido con mucho amor.

Recuerdo la historia que me hizo mi madre sobre mi nacimiento. Mi madre quiso abortarme; pero no pudo, una voz le dijo: "¿Qué haces? levántate de esa mesa y sal". Mi madre, a punto de ponerle la anestesia se quita los sueros que ya tenía en la vena, y sale del salón de operaciones del hospital de mi ciudad. ¿Por qué? **¡Porque ya Dios tenía un propósito!**

Salmo 139: 14-16 14

> *Te alabaré; porque formidables, maravillosas son tus obras;*
> *estoy maravillado, y mi alma lo sabe muy bien. **15** No fue*
> *encubierto de ti mi cuerpo, bien que en oculto fui formado, y*
> *entretejido en lo más profundo de la tierra. **16** Mi embrión vieron*
> *tus ojos, y en tu libro estaban escritas todas aquellas cosas. Que*
> *fueron luego formadas, sin faltar una de ellas.*

Blancos o negros, hispanos, o chinos, asiáticos, africanos, europeos, o americanos, todos somos de Dios, mortales, con límite de días y con una morada en los cielos en Cristo Jesús.

Hechos 17:26

> *Y **de un**a sangre ha hecho todo el **linaje de** los hombres, para*
> *que habiten sobre toda la faz **de** la tierra; y les ha prefijado el*
> *orden **de** los tiempos, y los límites **de** su habitación*

Efesios 2:10

> *Porque somos hechura suya, creados en Cristo Jesús para*
> *buenas **obras**, las cuales Dios preparó **de antemano** para que*
> *anduviésemos en ellas.*

Dios nos ha predestinado nuestro destino en Cristo, o sea que estamos llamados a ser como Cristo, y caminar en sus obras. Dios ha determinado que andemos en buenas obras. Nosotros solo tenemos que tomar la decisión de andar en ellas, tenemos el libre albedrío de decidir si andamos en Cristo o no. Lo que no cambia es el principio de un Dios que crea todo, lo termina y luego lo comienza.

Mi salvación:

Apocalipsis 13:8

> *Y la adoraron todos los moradores de la tierra cuyos nombres*
> *no estaban escritos en el libro de la vida(A) del Cordero que fue*
> *inmolado desde el principio del mundo.*

Cristo fue entregado a morir por nosotros hace 2000 años de acuerdo con nuestro tiempo, pero en el tiempo de Dios sucedió antes de la creación del mundo. Lo que vimos en la cruz fue solo una manifestación de lo que Dios había hecho en la eternidad.

Mi victoria: Proverbios 19:21

El propósito es más fuerte que los problemas, que las opiniones de los hombres, la opresión, el desánimo, la pobreza, el miedo, la vergüenza, y el DNA familiar.

Apocalipsis 20:10

> *Y el diablo que los engañaba fue lanzado en el lago de fuego y azufre, donde estaban la bestia y el falso profeta; y serán atormentados día y noche por los siglos de los siglos.*

El apóstol Juan vio esto en una visión una revelación espiritual del futuro por medio del Espíritu Santo. Esta revelación es la prueba de que para Dios ya sucedió, entendemos que el libro de Apocalipsis está lleno de simbolismo, metáforas, imágenes y lenguaje poético; pero lo que no podemos negar que todo lo escrito es una verdad inminente, relatada desde el pasado presente (los tiempos de Juan) como un esfuerzo del Apóstol Juan de describir lo que veía. El propósito de todo lo escrito es sobre todo darnos esperanza de que ya tenemos la victoria en Cristo Jesús.

En conclusión, Dios echó al diablo en el lago de fuego y luego se regresó y se lo enseñó a Juan. Una vez demuestra que Él es quien dice ser en Isaías 46:9-10. Un Dios que declara lo porvenir al principio por medio de visiones, sueños, palabras proféticas. Un Dios que llama las cosas que no son como si fuesen porque aunque no son en el mundo natural ya fueron y son en el mundo espiritual. Dios nos las muestra para que las deseemos, todo lo que anhelamos es porque lo hemos visto, y lo que esperamos es porque no ha sucedido en lo natural; pero ya lo hemos percibido y vivido en lo espiritual porque si lo vemos ¿para qué esperarlo?

Concluimos que si lo que estamos viendo no es lo que Dios nos ha mostrado, no es el propósito de Dios para nuestra vida y, por tanto, es temporal. En esto tenemos ventaja sobre el diablo, quien tiene que prestar atención a la vida de la iglesia para saber que su fin en lo natural está cerca y que le queda poco tiempo.

Efesios 3:10

> *para que **la** multiforme sabiduría **de** Dios sea ahora dada a conocer por medio **de la iglesia** a los principados y potestades en los lugares celestiales*

¿Con qué propósito Dios abre los cielos?

Después de haber estudiado los cielos abiertos y cómo caminar en ellos, pasamos a buscar el propósito de Dios al abrirlos. La historia de Dios con el hombre demuestra que Dios siempre está abriendo caminos para tener comunión con el hombre. Este Camino es Jesús quien es el único Camino al Padre y a los cielos. El hecho de que los cielos sean abiertos nos comunica algo, nos comunica un mensaje de apertura, de libertad y de comunión. Cuando vemos una casa con las puertas abiertas, nos habla de paz, de tranquilidad, de alguien que vive confiado y nos invita a ser parte de esa experiencia. Los cielos abiertos son una invitación a entrar en ellos, y a caminar bajo ellos.

Propósito de los cielos

Los cielos fueron creados con el propósito de ser la morada de Dios.

1 Reyes 8:39

> *Tú oirás en los cielos, en el lugar de tu morada, y perdonarás, y actuarás, y darás a cada uno conforme a sus caminos, cuyo corazón tú conoces (porque sólo tú conoces el corazón de todos los hijos de los hombres)*

1- Los cielos fueron creados con el propósito de ser nuestra morada.

2 Corintios 5:1

> *Porque sabemos que si nuestra morada terrestre, este tabernáculo, se deshiciere, tenemos de Dios un edificio, una casa no hecha de manos, eterna, en los cielos.*

2- Los cielos fueron creados como señal de victoria sobre Satanás.

Apocalipsis 12:7-9 7

Después hubo una gran batalla en el cielo: Miguel y sus ángeles luchaban contra el dragón; y luchaban el dragón y sus ángeles; 8 pero no prevalecieron, ni se halló ya lugar para ellos en el cielo. 9 Y fue lanzado fuera el gran dragón, la serpiente antigua, que se llama diablo y Satanás, el cual engaña al mundo entero; fue arrojado a la tierra, y sus ángeles fueron arrojados con él.

3- Los cielos fueron creados con el propósito de dar esperanza a la humanidad.

Apocalipsis 12:10-11

Entonces oí una gran voz en el cielo, que decía: Ahora ha venido la salvación, el poder, y el reino de nuestro Dios, y la autoridad de su Cristo; porque ha sido lanzado fuera el acusador de nuestros hermanos, el que los acusaba delante de nuestro Dios día y noche. 11 Y ellos le han vencido por medio de la sangre del Cordero y de la palabra del testimonio de ellos, y menospreciaron sus vidas hasta la muerte.

Dios abre los cielos como señal de guerra espiritual. Ya que los cielos son también un lugar de guerra:

Apocalipsis 19:11 El jinete del caballo blanco

[11] Entonces vi el cielo abierto; y he aquí un caballo blanco, y el que lo montaba se llamaba Fiel y Verdadero, y con justicia juzga y pelea.

Efesios 6:12

Porque no tenemos lucha contra sangre y carne, sino contra principados, contra potestades, contra los gobernadores de las tinieblas de este siglo, contra huestes espirituales de maldad en las regiones celestes.

Cielos abiertos para juicio:

Génesis 7:11

> *El año seiscientos de la vida de Noé, en el mes segundo, a los diecisiete días del mes, aquel día fueron rotas todas las fuentes del grande abismo, y las cataratas de los cielos fueron abiertas,*

Cielos abiertos para bendición:

Deuteronomio 28:12

> *Te abrirá Jehová su buen tesoro, el cielo, para enviar la lluvia a tu tierra en su tiempo, y para bendecir toda obra de tus manos. Y prestarás a muchas naciones, y tú no pedirás prestado.*

Los diezmos abren los cielos

Malaquías 3:10

> *Traed todos los diezmos al alfolí y haya alimento en mi casa; y probadme ahora en esto, dice Jehová de los ejércitos, si no os abriré las ventanas de los cielos, y derramaré sobre vosotros bendición hasta que sobreabunde.*

Cielos abiertos por misericordia:

Salmo 78:22-24 22

> *Por cuanto no habían creído a Dios, Ni habían confiado en su salvación. 23Sin embargo, mandó a las nubes de arriba, **Y abrió las puertas de los cielos**, 24E hizo llover sobre ellos maná para que comiesen, Y les dio trigo de los cielos*

Cielos abiertos para revelar la visión de la gloria divina

Ezequiel 1:1

> *Aconteció en el año treinta, en el mes cuarto, a los cinco días del mes, que estando yo en medio de los cautivos junto al río Quebar, los cielos se abrieron, y vi visiones de Dios.*

Cielos abiertos para revelar el futuro, para movernos en la revelación y tener ventaja.

Apocalipsis 4:1

> *Después de esto miré, y he aquí una **puerta abierta en el cielo**; y la primera voz que oí, como de trompeta, hablando conmigo, dijo: Sube acá, y yo te mostraré las cosas que sucederán después de estas.*

Cielos abiertos como señal del pacto y recompensa:

Apocalipsis 11:17-19

> *17 diciendo: Te damos gracias, Señor Dios Todopoderoso, el que eres y que eras y que has de venir, porque has tomado tu gran poder, y has reinado.[18] Y se airaron las naciones, y tu ira ha venido, y el tiempo de juzgar a los muertos, y de **dar el galardón a tus siervos los profetas, a los santos, y a los que temen tu nombre, a los pequeños y a los grandes**, y de destruir a los que destruyen la tierra. [19] **Y el templo de Dios fue abierto en el cielo**, y el arca de su pacto se veía en el templo.*

Los cielos son testigos del juicio divino:

Deuteronomio 30:19

> *A los **cielo**s y a **la tierra** llamo por testigos hoy contra vosotros, que os he puesto delante **la vida y la muerte, la** bendición **y la** maldición; escoge, pues, **la** vida, para que vivas tú y tu descendencia.*

Los cielos como señal del pacto de Dios con los hombres:

Génesis 9:12-15 12

> *Y dijo Dios: Esta es la señal del pacto que yo establezco entre mí y vosotros y todo ser viviente que está con vosotros, por siglos perpetuos: 13 Mi arco he puesto en las nubes, el cual será por señal del pacto entre mí y la tierra. 14 Y sucederá que cuando haga venir nubes sobre la tierra, se dejará ver entonces mi arco en las nubes. 15 Y me acordaré del pacto mío, que hay entre mí y vosotros y todo ser viviente de toda carne; y no habrá más diluvio de aguas para destruir toda carne.*

Apocalipsis 15:5 5

> *Después de estas cosas miré, y he aquí fue abierto en el cielo el templo del tabernáculo del testimonio*

¿Quiénes quiere Dios que entren en cielos abiertos?

¡Todos! Dios envió a su Hijo al mundo a morir por nuestros pecados. Por tanto, es la voluntad de Dios que todos se salven y vengan al conocimiento de Él. Dios no desecha a nadie. No basta caminar bajo cielos abiertos hay que entrar en ellos. A los cielos, entran los justos, los transformados, los salvos, los llamados, los vencedores, los que en su nombre se encuentran en el libro de la vida, los obedientes, los santos. Los que están buscando crecer constantemente en fe, sabiduría, amor, dominio propio, templanza y perseverancia.

Los que no hacen acepción de personas:

Como declara:

Santiago 2:1-4,9

> *1Hermanos míos, que vuestra fe en nuestro glorioso Señor Jesucristo sea sin acepción de personas. 2 Porque si en vuestra congregación entra un hombre con anillo de oro y con ropa espléndida, y también entra un pobre con vestido andrajoso, 3*

y miráis con agrado al que trae la ropa espléndida y le decís:
Siéntate tú aquí en buen lugar; y decís al pobre: Estate tú allí en
pie, o siéntate aquí bajo mi estrado;4 ¿no hacéis distinciones entre
vosotros mismos, y venís a ser jueces con malos pensamientos? 9 pero
si hacéis acepción de personas, cometéis pecado, y quedáis convictos
por la ley como transgresores.

1 Pe 1:11

Porque de esta manera os será otorgada amplia y generosa
entrada en el reino eterno de nuestro Señor y Salvador Jesucristo.

Los cielos abiertos nos llevan a un lugar donde:

1. El matrimonio deja de ser (Mateo 22:30)

2. La muerte no tiene poder (Lucas 20:36)

3. Donde no entra ni carne ni sangre (1 Corintios 15:50)

4. Donde no habrá más tristeza, dolor, maldición, ni noche; donde los malos, y pecadores no arrepentidos no tienen morada, donde el fin no es ya más.

(Apocalipsis 7:17; 21:4;22:3;22:5;22:15; Mateo 25:46)
Los cielos son un lugar donde encontramos gozo, descanso, paz, justicia, un lugar para servir, recompensa, herencia y gloria (Lucas 15:7,10; Apocalipsis 14:13; Lucas 16:25; 2 Pedro 3:13;Apocalipsis 7:15; Mateo 5:11,12; 1 Pedro 1:4; Romanos 8:17,18.)

Estamos llamados a buscar la entrada al cielo como Abraham.

He 11:9

Por la fe habitó como extranjero en la tierra prometida como
en tierra ajena, morando en tiendas con Isaac y Jacob, coherederos
de la misma promesa; 10 porque esperaba la ciudad que tiene
fundamentos, cuyo arquitecto y constructor es Dios.

1 Co 11:9-10 9

> *Por la fe habitó como extranjero en la tierra prometida como en tierra ajena, morando en tiendas con Isaac y Jacob, coherederos de la misma promesa; 10 porque esperaba la ciudad que tiene fundamentos, cuyo arquitecto y constructor es Dios Los cielos es la morada que Dios ha prometido a los que le creen y guardan sus mandamientos.*

Apocalipsis 22:1-5

> *1 Después me mostró un río limpio de agua de vida, resplandeciente como cristal, que salía del trono de Dios y del Cordero. 2 En medio de la calle de la ciudad, y a uno y otro lado del río, estaba el árbol de la vida, que produce doce frutos, dando cada mes su fruto; y las hojas del árbol eran para la sanidad de las naciones. 3 Y no habrá más maldición; y el trono de Dios y del Cordero estará en ella, y sus siervos le servirán, 4 y verán su rostro, y su nombre estará en sus frentes. 5 No habrá allí más noche; y no tienen necesidad de luz de lámpara, ni de luz del sol, porque Dios el Señor los iluminará; y reinarán por los siglos de los siglos.*

Los cielos son un lugar real donde todos vamos a ir algún día. Sin embargo Dios quiere que sepamos que podemos tener victoria aquí y ahora.

Conclusión:

Los cielos son llamados en el Escritura: **casa, reino, el seno de Abraham, paraíso, una mejor comunidad, una ciudad santa.** Los cielos se abren para vivir de eternidad a eternidad con el Padre. Un lugar perfecto donde viviremos en la presencia del Padre, el Hijo y el Espíritu Santo, los Ángeles y los justos.

Vivamos con propósito y caminemos bajo cielos abiertos hoy y entremos en ellos mañana.

X
EXPANSIÓN DEL REINO

Introducción:

Nosotros hemos recibido la Palabra profética de una protección divina sobre Lexington. Dios nos dijo que le cambiáramos el nombre a la ciudad y le pusiéramos uno espiritual. Lexington tiene dos nombres "Capital de los Caballos del Mundo" y "Atenas de la Civilización Occidental", ¿qué significa esto espiritualmente? Primero, que tenemos nosotros que revertir eso a un nombre en Dios, que se oponga a lo que hay detrás del nombre Atenas espiritualmente. Atenas era la ciudad de la ciencia, el arte y la sabiduría griega. Atenas, una diosa guerrera, independiente, que no necesita dios alguno; no necesita dios varón que la represente. Su animal favorito es el búho, y su pasión, realizar obras de arte con las manos. Atenea es, en la mitología griega, la diosa de la guerra, de las artes, de la justicia, de la habilidad, de la civilización, de la sabiduría y de la estrategia. Es una de las principales divinidades del partenón griego y uno de los doce dioses olímpicos. Atenea recibió culto en toda la Grecia Antigua y en toda su área de influencia, desde las colonias griegas de Asia Menor hasta las de la Península Ibérica y el norte de África. Su presencia es atestiguada hasta en las proximidades de la India. Por ello, su culto tomó muchas formas e incluso tuvo una extensión considerable hasta el punto de que su figura fue sincretizada con otras divinidades en las regiones aledañas al Mediterráneo.

La versión más tradicional de su mito la representa como hija partenogénica de Zeus, nacida de su frente completamente armada después de que se tragase a su madre. Jamás se casó o tuvo amantes, manteniendo una virginidad perpetua. Era imbatible en la guerra, ni el mismo Ares pudo derrotarla. Fue patrona de varias ciudades; pero se volvió más conocida como protectora de Atenas y de toda la Ática.

También protegió a muchos héroes y otras figuras míticas, apareciendo en una gran cantidad de episodios de la mitología.

Fue una de las deidades más representadas en el arte griego y su simbología ejerció una profunda influencia sobre el propio pensamiento de aquella cultura, en especial en los conceptos relativos a la justicia, la sabiduría y la función social de la cultura y las artes, cuyos reflejos son perceptibles hasta nuestros días en todo el Occidente. Su imagen sufrió varias transformaciones a lo largo de los siglos, incorporando nuevos atributos, interactuando con nuevos conceptos e influenciando otras figuras simbólicas; fue usada por varios regímenes políticos para la legitimación de sus principios, penetró inclusive en la cultura popular, su intrigante identidad de género ha sido de especial apoyo para los escritores ligados a los movimientos feministas y a la psicología e incluso algunas corrientes religiosas contemporáneas volvieron a darle la verdadera adoración.

Esta investigación realizada revelo muchas cosas sobre nuestra ciudad. Este conocimiento espiritual es importante para la expansión, para tomar el territorio. La experiencia de cómo esta revelación llegó fue muy fuerte, como les conté en lo espiritual. Y en lo natural lo hemos visto una y otra vez en nuestra ciudad. No es un cuento de Hadas, cuando entras a Lexington, Kentucky comienzas a recibir el impacto del dominio de esta potestad. El espíritu de Grecia es un espíritu que se opone a todo lo sobrenatural. Controla el comportamiento de los hombres por medio del uso de la razón, el apóstol Pablo lo vivió en carne propia.

Hechos 17:16 [Pablo en Atenas]

> *Mientras Pablo los esperaba en Atenas, su espíritu se enardecía viendo la ciudad entregada a la idolatría.*

Y más adelante vemos que muy pocos se convirtieron; ya que la burla a todo lo sobrenatural es parte de la forma de actuar de este espíritu.

Hechos 17:32-34

> *Pero cuando oyeron lo de la resurrección de los muertos, unos se burlaban, y otros decían: Ya te oiremos acerca de esto otra vez.33 Y así Pablo salió de en medio de ellos. 34 Mas algunos creyeron…,*

La experiencia fue tan frustrante para el apóstol que cuando llegó a Corinto quedó plenamente convencido de que el mensaje del evangelio no consiste en palabras sino en poder.

1 Corintios 2:4

> *4 y ni mi palabra ni mi predicación fue con palabras persuasivas de humana sabiduría, sino con demostración del Espíritu y de poder.*

Entendimos, por el espíritu, que la única manera de derribar esta potestad es con un ministerio de fuego y de poder y va cediendo; pero queremos victoria total y no parcial. La guerra hay que hacerla con entendimiento y enseñando al pueblo a guerrear.

Estrategias sobrenaturales para cumplir la visión de Dios:

• Tomando el territorio y plantando iglesias saludables

Dios nos ha dado una visión del reino y de alcance. Somos escuadrones del Señor Jesucristo, dispuestos a conquistar la tierra del norte de los Estados Unidos, impactando con el mensaje del reino las naciones y haciendo de cada visitante un discípulo, de cada discípulo un líder del reino a través de los grupos pequeños en las casas.

Basado en lo presentado anteriormente sobre los cuatro niveles de automanifestación del reino en nuestras iglesias para llegar a ser iglesias que plantan otras iglesias y ejecutar la Gran Comisión efectivamente en nuestro tiempo hemos diseñado los pasos para establecer iglesias en las ciudades que Dios nos ha entregado. El sistema de la visión describe el sistema generativo que Dios nos ha dado, un sistema que no se cierra, ni termina: está formado de puntos de predicación, a antorchas, a redes, a comunidades de fe, a iglesia misional, a iglesia local autosostenida, a iglesia madre, a plantar otras iglesias y comenzar el ciclo una y otra vez hasta que Cristo venga.

Todo comienza con un líder dispuesto y enviado por el gobierno a tomar la ciudad. La tendencia ministerial es a enviar ancianos, ministros y las oficinas de Efesio 4:11 a hacer este trabajo. Sin embargo no limitamos a Dios, hay excepciones a la regla de acuerdo con la pasión, el fuego, el compromiso y la unción de la persona que desea ser enviada a conquistar una ciudad que Dios ha puesto en su corazón. **El padre de la casa y el gobierno se reservan todo el derecho de determinar cuando una persona o iglesia está lista a pesar de las metas cumplidas, el compromiso y el carácter de los líderes enviados a las ciudades.**

Conceptos y metas para alcanzar cada nivel de crecimiento:

1. **Puntos de predicación**: Comenzamos a tomar la ciudad peleando la batalla legal en el lugar secreto con ayunos y oración constantes. Luego pasamos a la batalla militar que tiene que ver con desplegar a toda la iglesia a las calles para hacer eventos evangelísticos, caminatas de oración, eventos deportivos, etc. Estos puntos de predicación tienen el objetivo de predicar el mensaje de salvación a la ciudad.

2. **Antorchas**: Se establecerán antorchas siguiendo el proceso establecido en este libro, buscando la multiplicación de ellas hasta llegar a ser redes.

3. **Redes:** Una red está conformada por 70-80 miembros y puede llegar hasta 100 en dependencia de la capacidad de liderazgo del líder de la red (**el gobierno de la iglesia determina quién está listo**). Las redes, una vez han alcanzado un mínimo de 70 a 80 personas bautizadas y estables, con una ofrenda mensual de $ 2,500 a $3,000 dólares se convertirán en comunidades de fe.

4. La **comunidad de fe** es una congregación de redes en una ciudad que comienza a organizarse con la estructura de líderes para cada ministerio que se reúne para adorar y compartir el mensaje del reino esporádicamente (no regularmente), tener comunión unos con otros, recibir los sacramentos oficiados por un ministro de la Iglesia Madre o enviado a esa ciudad particular, con una ofrenda mensual de $2,500 a $3,000 dólares mensuales y una asistencia promedio de 80 personas estables bautizadas.

5. **Iglesia misional**: Es una iglesia que comienza a organizarse en estructura y el liderazgo en base a un gobierno establecido para comenzar a desarrollarse para llegar a ser iglesia local establecida y auto-sustentada. Se reúnen para adorar, ofrecer los sacramentos,

escuchar el mensaje del evangelio y tienen un ofrenda mensual de $ 6,500 a $7,000 dólares y una asistencia promedio de 100 a 120 personas bautizadas y estables.

6. **Iglesia local establecida**: Reúne todos los requisitos de los cuatro autos del sistema de la visión excepto el de automultiplicación. Es decir aun no ha plantado otra iglesia y, por tanto, aun no es iglesia madre. En cuanto al punto de autosostenimiento las ofrendas mensuales deben alcanzar $10,000 dólares mensuales y 200 personas bautizadas y estables. En cuanto a autoformación, la iglesia tiene que tener establecido todo el Instituto Ministerial de FDA que incluye todas las escuelas listadas en este libro.

7. **Iglesia madre**: Esta es la meta que buscamos y soñamos como gobierno. No buscamos tener muchas iglesias pequeñas, comunidades de fe y misionales aunque entendemos que es parte del proceso y la visión. Sin embrago queremos dejar claro que la meta es que cada antorcha llegue a ser una iglesia madre. una iglesia madre es una Iglesia completamente organizada, con gobierno, autosostenimiento entre $10,000 a $15,000 dólares mensuales y 500 personas bautizadas de asistencia promedio, con el Instituto Ministerial de FDA establecido y plantando al menos una Iglesia a nivel misional en adelante para ser considerada iglesia madre.

Es importante aclarar que las iglesias nunca se desconectarán totalmente de la Iglesia y el padre de la casa, ya que el propósito de esta visión es conquistar todo el norte de los Estados Unidos hasta Canadá para establecer una sólida plataforma para el lanzamiento a las naciones. ¿Y cuál es la tuya?

Por tanto, las iglesias que plantamos son parte de la visión, y ayuda clave para cumplirla. Los líderes de estas iglesias tendrán una reunión mensual oficial y otras extraoficiales de ser necesario con el gobierno de la Iglesia Madre Fuente de Avivamiento cuando diere lugar.

Sin embargo, queremos destacar que cada iglesia establecida es libre de hacer sus reuniones locales ministeriales y de gobierno, actividades comunitarias y otros de acuerdo al liderazgo del pastor y cabeza de su congregación local y ciudad.

Señales y maravillas:

Estrategia sobrenatural de Dios por medio del Juicio para librar a su pueblo. Dios nos dará estrategias sobrenaturales para liberar a su pueblo y tomar la ciudad de Lexington y tu ciudad. Dios nos ha revelado que nos dará estrategias sobrenaturales como las que les dio a Moisés para liberar al pueblo. El pueblo de Israel había sido esclavo por 400 años, por tanto eran pobres, con bajos recursos, bajo nivel cultural, baja autoestima producto de la humillación constante, y poca o ninguna fe en la autoridad. Es en medio de este contexto, que Dios da a Moisés, una estrategia sobrenatural; ya que naturalmente era imposible lograr una liberación masiva con las características de ese pueblo. Nosotros en el norte de los Estados Unidos estamos moviéndonos en el mismo contexto. Por tanto, creemos que Dios nos está brindando una estrategia sobrenatural.

El pueblo de Israel tenía un líder como Moisés, educado en toda la cultura egipcia; en nuestro caso vemos que la mayor parte del tiempo el pastor es único que ha estudiado formalmente en la congregación. Ellos eran pobres, pero Dios los enriqueció con el oro egipcio. Les dio gracia delante del pueblo egipcio, y ellos le bendijeron económicamente. Creo con todo mi corazón que en Fuente de Avivamiento sucederá lo mismo. Dios traerá gente que quiere invertir en la visión, y financiar el sueño de Dios para nuestro estado y las naciones. Al mismo tiempo, el Espíritu Santo está provocando un cambio de mentalidad radical, para ver obras portentosas hechas por aquellos que una vez fuimos esclavos del mundo; pero que hoy somos libres en Cristo. La diferencia en el ministerio de Moisés es que comenzó un discipulado poderoso en la presencia de Dios. Allí aprendió a servir a Dios, a operar en lo sobrenatural y a tener acceso al mundo espiritual. Pero, sobretodo, a no temer al diablo y a sus manifestaciones engañosas.

Éxodo 3:19-22

Mas yo sé que el rey de Egipto no os dejará ir sino por mano fuerte. 20 Pero yo extenderé mi mano, y heriré a Egipto con todas mis maravillas que haré en él, y entonces os dejará ir. 21 Y yo daré a este pueblo gracia en los ojos de los egipcios, para que cuando salgáis, no vayáis con las manos vacías; 22 sino que pedirá cada mujer a su vecina y a su huéspeda alhajas de plata, alhajas de oro, y vestidos, los cuales pondréis sobre vuestros hijos y vuestras hijas; y despojaréis a Egipto.

¿Dónde comenzó este discipulado capaz de formar un discípulo como Moisés?

Discipulado de Moisés:

Ex 4:1-17

El llamamiento en Éxodo 4 revela el poder del Lugar secreto, es allí donde Dios nos muestra su poder antes de hacerlo en público. Es en el lugar secreto donde tomamos a la culebra de los egipcios por la cola y le perdemos el miedo. Ex:3

1. Aprendió el valor de lo que tenía en la mano. Verso 2

2. Aprendió a no huir del diablo. Venció el miedo a las tinieblas en secreto con Dios. verso 3

3. Aprendió a usar lo que tenía en la mano. Verso 4-5

4. Aprendió la revelación de lo sobrenatural y a argumentar con Dios en privado y nunca en público. Versos 6-17

Moisés entendía el principio de "cobertura del reino":

Todo el pueblo debe estar alineado bajo una cabeza clara y definida que ha recibido un llamamiento bajo la revelación de quién es Dios. Una cabeza que posee una visión del cielo con el propósito de adorar al Dios multigeneracional de Abraham, Isaac y Jacob. La cabeza que dirige al pueblo usando estrategias sobrenaturales, para llevar a cabo la misión, cumplir la visión de Dios en el menor tiempo posible: tres días. Un líder que desafiara a las autoridades de las tinieblas para sacar al pueblo libre y prosperado.

Beneficios de toda cobertura:

Bajo Autoridad:

El hecho de que el pueblo estaba bajo el liderazgo de Moisés como cabeza clara y definida es señal de la autoridad otorgada por Dios. Las plagas enviadas para juicio revelan el mayor beneficio de estar bajo cobertura. Las victorias de Moisés eran victorias para el pueblo que estaba bajo autoridad. En el desierto el pueblo comenzó a desobedecer a Moisés, y lo que era camino de tres días se convirtió en 40 años; y esa generación entera no entró en la promesa. Prestemos atención para que no nos acontezca la misma cosa.

Éxodo 11:6-8

> *Y habrá gran clamor por toda la tierra de Egipto, cual nunca hubo, ni jamás habrá. 7 Pero contra todos los hijos de Israel, desde el hombre hasta la bestia, ni un perro moverá su lengua, para que sepáis que Jehová hace diferencia entre los egipcios y los israelitas. 8 Y descenderán a mí todos estos tus siervos, e inclinados delante de mí dirán: Vete, tú y todo el pueblo que está debajo de ti; y después de esto yo saldré. Y salió muy enojado de la presencia de Faraón.*

Revelación de Dios:

Éxodo 3:6

> *Y dijo: Yo soy el Dios de tu padre, Dios de Abraham, Dios de Isaac, y Dios de Jacob.*

Desata la Adoración del pueblo:

Éxodo 5:3

> *Y ellos dijeron: El Dios de los hebreos nos ha encontrado; iremos, pues, ahora, camino de tres días por el desierto, y ofreceremos sacrificios a Jehová nuestro Dios, para que no venga sobre nosotros con peste o con espada.*

Liberadora:

Éxodo 3:19-20

> *Mas yo sé que el rey de Egipto no os dejará ir sino por mano fuerte. 20Pero yo extenderé mi mano, y heriré a Egipto con todas mis maravillas que haré en él, y entonces os dejará ir.*

Próspera:

Éxodo 3:21

> *Y yo daré a este pueblo gracia en los ojos de los egipcios, para que cuando salgáis, no vayáis con las manos vacías; 22 sino que pedirá cada mujer a su vecina y a su huésped alhajas de plata, alhajas de oro, y vestidos, los cuales pondréis sobre vuestros hijos y vuestras hijas; y despojaréis a Egipto.*

Gosén/Egipto: Un mismo lugar, dos realidades, dos atmósferas distintas determinadas por la voluntad de Dios en su Palabra.

Entre Gosén y Egipto se produce una dinámica pragmática de operación de tiempos en un mismo lugar bajo atmósferas diferentes. El poder de vivir bajo la voluntad de Dios y el poder de su Palabra nos lleva a experimentar diferentes realidades bajo el mismo cielo, clima, en la misma ciudad. Veamos una comparación panorámica de lo que pasó en Egipto durante la liberación del pueblo de Israel. Mientras que a Egipto le iba bien y prosperaba, Israel sufría.

Cuando se abrieron los cielos y comenzó a operar lo que se llama un Sulam de Dios en medio del cual ya nada queda sujeto a tiempo, ayuno, oración o voluntad humana o satánica, sino sujeto a Dios mismo. Es un lugar donde Dios interviene por su soberana voluntad, haciendo que tiempo, lugar y persona se pongan de acuerdo para hacer algo determinado por Dios, por causa de la oración, el ayuno y la súplica continua del pueblo de Dios para una generación determinada. Una vez se abre un Sulam, tiempo, lugar y persona son tomados por Dios para hacer que algo sobrenatural suceda y le llamamos "Principio de Manifestación del Eterno Presente de Dios".

Cuando Jacob entra a Egipto, es enviado a Gosén, un lugar dedicado a la ganadería, al pastoreo de ovejas, una tarea que para los egipcios, todavía hoy, es abominación de acuerdo con las escrituras. Lo cual es una revelación del porqué el pastorado como profesión, ministerio o vocación no es bien recibido por el mundo que representa al Egipto del ayer. Gosén representaba una promesa de propiedad sobre la tierra por una palabra profética dada a Abraham, Isaac y Jacob y ejecutada por José. Génesis 47:1; 27 Gosén es una porción dentro de la tierra prometida que aún no ha sido tomada totalmente por su pueblo. Gosén estaba en Canaán que es la tierra de la promesa dominada aun por Egipto. Dios nos pone en Gosén para que veamos todo lo que hemos de poseer si somos fieles a Él y obedecemos su Palabra. Por tanto, Gosén representa un lugar profético de bendición desde el cual podemos comenzar a operar para tomar la tierra y recibir la promesa que ha de venir. Si en lo poco eres fiel (Gosén), en lo mucho te pondré (Egipto). Desde el principio, el plan de Dios siempre ha sido llenar la tierra con su gloria, por eso entregó a Jesús hace dos mil años para tomar al mundo y hoy su obra continúa por medio de la Iglesia, una iglesia que no vive temerosa de ser tomada por el mundo, sino una iglesia valerosa que toma el mundo por la fuerza.

Génesis 47:6b

Pon hombres capaces sobre el ganado mío,

Dios pondrá justos a gobernar en Egipto, de la misma manera que el faraón le pidió a José que pusiera israelitas a pastorear su ganado, a la generación de Daniel y José que se viene levantando en estos últimos tiempos, representada en la primera y segunda generación de latinos inmigrantes, se les entregarán posiciones de gobierno, que sus padres nunca tuvieron.

Primer choque del reino entre dos realidades:

Guerra de varas:

Batalla Legal **Éxodo: 7:8-13**

La guerra de varas no es más que una guerra de autoridad, en la que la legalidad de la autoridad establecida por Dios legisla y juzga sin que haya batalla militar. En esta ya se determina de quién será la victoria sin que haya pérdidas o botín de guerra. Solo aquellos con un ojo profético podrán discernir los tiempos; y gozarse con la victoria que ha de venir en el futuro sin verla manifestada totalmente en el presente.

El propósito de esta guerra es hacer valer la autoridad de Dios por encima de otros dioses. Con esta guerra, Dios busca la exaltación de su Nombre y de aquellos a quien Él envía, en este caso a Moisés, quien se convierte en el "dedo de Dios" (Éxodo 8:19] para juzgar a Egipto y liberar a su pueblo para que le adore. Todo hombre o mujer que le preste su humanidad a Dios para traer el reino de Dios a la tierra por el poder del Espíritu Santo se convierte en el dedo de Dios para su generación.

Según el Salmo 23:4, el aliento que necesitamos cuando pasamos el valle de sombra y de muerte viene de la vara y el cayado del pastor, por tanto, esta guerra de varas era importante para asegurar la victoria al pueblo durante la última plaga que era la de tinieblas, la más temerosa de todas.

Éxodo 7:12 *Las varas de culebras fueron devoradas por la vara de Aarón.*

Batalla militar

Toda batalla militar es llevada por una cabeza clara y definida y generales puestos por Dios para ayudar a la cabeza a ejecutar su juicio y voluntad sobre una ciudad o nación. Dios levantó a Aarón como profeta (Éxodo 7:1) y a los príncipes del pueblo como generales (**Ex 6:14-27**). En sentido práctico es cuando el pueblo de Dios sale organizado a tomar las calles. Nosotros tenemos un evento que se llama "evangelismo agresivo", este consiste en salir todos (400 creyentes) a calle al mismo tiempo y se produce una ola de milagros, sanidades y conversiones. Estos son bautizados los sábados en una fiesta con Jesús.

Estamos conscientes de que es difícil hacer esto en muchas iglesias por causa de la tristeza, la soledad y el arduo trabajo del pueblo, producto de largas jornadas laborales en más de un trabajo. Moisés lo experimentó; pero eso no lo detuvo.

Éxodo 6:9

De esta manera habló Moisés a los hijos de Israel; pero ellos no escuchaban a Moisés a causa de la congoja de espíritu, y de la dura servidumbre.

El otro problema es que el pueblo no nos cree, y por tanto, no nos siguen. Toma tiempo levantar la credibilidad de un líder delante del pueblo.

Éxodo 4:1

Entonces Moisés respondió diciendo: He aquí que ellos no me creerán, ni oirán mi voz; porque dirán: No te ha aparecido Jehová.

El pueblo no escuchaba a Moisés por causa de la congoja de espíritu y de la dura servidumbre. Lo mismo pasa en Lexington, el pueblo hispano no escucha a los Moisés de hoy, los pastores de las iglesias, aunque Dios los ha envido a causa de la depresión, la soledad, la nostalgia y el duro trabajo a los que se expone cada día a día nuestro pueblo.

Esta situación hace que muchos pastores y líderes religiosos, líderes de antorchas, todo el que trabaja con el pueblo duden de su llamamiento y de la autoridad que tienen para hacer que los faraones de este mundo escuchen, incluyendo al mismo Satanás. La forma más efectiva en que presentamos la batalla militar en contra de las potestades de nuestras comunidades es a través de las antorchas de avivamiento, por medio de los grupos familiares.

Grupos familiares: Antorchas

Los grupos familiares son una parte fundamental de nuestra misión ya que a través de ellos alcanzamos la ciudad para traer un avivamiento a Lexington, Kentucky. Cada antorcha es una expresión del patrón de adoración y oración de la casa. Por tanto, la consistencia en cada una de ellas en cuanto al orden del culto, adoración y oración, antes, durante y después de cada celebración tiene que ser respetado ya que nuestras antorchas son una extensión de nuestra Iglesia Fuente de Avivamiento en las comunidades.

Visión:

Somos escuadrones del Señor Jesucristo, dispuestos a conquistar las tierras del norte. Deseamos impactar con el mensaje del reino las vidas quebrantadas, haciendo de cada visitante un discípulo y de cada discípulo un líder del reino a través de los grupos pequeños en las casas.

Misión: Levantar los escuadrones del Señor Jesucristo por medio de:

1. **Ganar**: Ganar a toda persona para Jesucristo, ganar es conducir a los perdidos hacia el Camino de la Vida eterna. Aceptando a Cristo como Señor y Salvador personal.

- *El fruto del justo es árbol de vida; el que gana almas es sabio.* Proverbios 11:30

2. **Consolidar:** Recibir y practicar las enseñanzas del reino. Asumir la actitud correcta, servir, honrar y amar a las autoridades y a nuestros vecinos; estableciendo una relación personal genuina con cada persona nueva, ayudándoles a ser parte de una antorcha como semilla del grupo familiar para dar frutos y reproducirse en otros.

> *Amados, amémonos unos a otros; porque el amor es de Dios.*
> *Todo aquel que ama, es nacido de Dios, y conoce a Dios.* 1 Juan 4:7

3. **Discipular:** Hacer de cada visitante un creyente, de cada creyente un discípulo y de cada discípulo un líder del reino.

- *Por tanto, id, y haced discípulos a todas las naciones. Bautizándolos en el nombre del Padre, y del Hijo, y del Espíritu Santo.* Mateo 28:19

4. **Enviar:** Tenemos un llamamiento profético que cumplir. Somos enviados para transformar las ciudades, tomar las comunidades y el mundo entero, comenzando por las casas.

> *- Rogad pues al Señor de la mies, que envíe obreros a su mies.*
> Mateo 9:38

Base teológica

La Iglesia Saludable que está en tu Casa.

La iglesia primitiva era un movimiento fundamentado en los hogares. A pesar de que también se enseñaba en los atrios del templo, en sinagogas y en campo abierto; la verdadera vida de iglesia se desarrollaba en las casas. Veamos.

1. Los eventos que dieron inicio a la iglesia fueron en casas.

- La iglesia se inició en una casa en Jerusalén. Hechos 1:13.

- La llegada del Espíritu Santo en Pentecostés fue también en una casa. Hechos 2:1-2.

- Cuando empezaron a crecer y se añadieron como 3,000 personas, se fortaleció el hábito de reunirse en los hogares y esto a su vez les favorecía con todo el pueblo. Esto permitía que Dios añadiera cada día personas a la iglesia.. Hechos 2:46; Hechos 2:47.

- Aún las casas eran usadas para el reino de Dios y como medio de subsistencia de toda la iglesia.

2. La iglesia llegó a los gentiles en sus casas:

- La casa gentil de Cornelio Hechos 10: 24-48.

- La persecución de la Iglesia se produjo por casas Hechos 8:3.

- Saulo fue liberado y restaurado en una casa en Damasco Hechos 9:17-29.

3. La iglesia ministró en casas:

La Biblia recoge los bautismos celebrados en las casas. El de Saulo en Hechos 9:18; Cornelio y los de su casa 10:47-48; el carcelero de Filipo 16:30-33.

- Muchos de los milagros ocurrían en las casas: el de Dorcas en Hechos 9:36-41.

- Dios revelaba visiones en las casas: la de Pedro Hechos 10: 9-23.

4. Las casas eran también lugares donde los cristianos se fortalecían en Dios:

- Reuniones de oración en casa de María la madre de Juan Marcos Hechos 12: 5-12.

- Pablo y Silas fortalecían a los cristianos en la palabra de Dios en las casas 16:32.

- La predicación y la enseñanza era tanto en el templo como en las casas 5:42.

- Pablo consolaba y animaba en las casas Hechos 16:40.

5. Las iglesias nuevas se iniciaban en casas:

- Corinto: Conversión y bautismo de un principal de la sinagoga y muchos Judíos en casa de uno llamado Justo Hechos 18:7-11.

- Éfeso: Pablo llama a los ancianos de esa iglesia para despedirse y hace un recuento de su ministerio por las casas.

- Roma: Pablo alquiló una casa y durante dos años estuvo recibiendo a todos los que venían a ella, y allí les enseñaba y predicaba Hechos 28:30-31.

6. En sus cartas Pablo hace continua mención a un término nuevo "La iglesia que se reúne en tu casa".

- Corinto, Éfeso y Roma: Aquila y Priscila, un matrimonio que estando en estas tres ciudades formaron iglesias en sus casas Romanos16:5; 1 Corintios 16: 19.

- Colosa: Tenemos allí las iglesias en las casas de Ninfa Colosenses 4:15 y la de Filemón Filemón 2.

Como hemos visto hasta aquí, la iglesia en sus inicios otorgó un papel fundamental a la reunión y funcionamiento en casas además del templo. Creo que esto puede ayudarnos a entender nuestra proyección como iglesia en Lexington en estos tiempos.

Requisitos para abrir una Antorcha:

- Tener un mentor.

- Haber pasado el **Retiro** para "Líderes de Antorchas" al finalizar la Escuela de Misioneros.

- Haber pasado por liberación personal o masiva.

- Haber recibido el bautismo en agua y el bautismo con el Espíritu Santo.

- Haberse casado al menos por lo civil. (Tener su hogar en orden).

- El mentor debe presentar la multiplicación usando el sistema interno "Antorchas on line" (AOL).

- Ser aprobado por el Ministro de la Red a través de AOL.

Orden de Culto de las Antorchas:

6:30PM Preparar la atmósfera con oración.
7:30PM Se Comienza leyendo la guía de grupo
10 M. Bienvenida: Cristo, iglesia y pastores
10M. Adorando: Tiempo de alabanza
20M. Enseñanza. Clase correspondiente
20 M. Ministración: Cerrar con el llamado de salvación
5M. Adorando: Diezmos y ofrendas
20M.Comunión y refrigerio. Oración de cierre

Cómo multiplicar una Antorcha

- Tener un líder que funcione como pastor.

- Tener un evangelista que planifique el alcance comunitario.

- Tener un maestro que es el que se dedique a enseñar con pasión.

- Tener un anfitrión que solo se ocupe de tener su casa lista.

- Tener un maestro de niños que lleve los niños al conocimiento de Cristo.

¿Cómo conseguir una casa para la Antorcha?

Preguntando e incentivando

1. Con los discípulos de la Red, que no son líderes, ni anfitriones

2. Con los asistentes a las Antorchas.

3. Tocando puertas hasta encontrar una casa Antorcha en la ciudad.

¿Cuál es el proceso de formación de líderes y antorchas?

1- Hacer una decisión por Cristo

2- Asiste a una antorcha de multiplicación.

3- Formar parte de las Generaciones de Líderes.

4- Integrarse a servir en uno de los ministerios de la Iglesia.

5- Aceptar el desafío de comenzar una antorcha.

6- Formar un grupo de 12 seguidores para el trabajo de multiplicación.

Reportar, registrar, responsabilizar, retroalimentar consistentemente a las autoridades inmediatas.

Relación de las personas que forman nuestro mundo de relaciones:

OIKOS: Significa Casa, nuestro mundo de relaciones.

Comenzar por el OIKOS Personal: Personas con las que pasamos entre 30-45 minutos semanalmente. Son las personas de nuestro grupo de confianza.

OIKOS Extendido: Son los amigos íntimos de nuestros amigos, es decir las personas con las que ellos pasan de 30-40 minutos en la semana.

OIKOS Potencial: Son aquellas personas que podemos llegar a conocer potencialmente; pero que todavía no hemos conocido. Son personas con las que tenemos derecho a relacionarnos. Ejemplo: Personas con las que compartimos afinidades deportivas, red laboral, pasatiempos, cultura, raza, vecinos, alumnos, causas o algún interés común. Ejemplo (personas con tu misma situación)

Hoja Visión

La hoja visión se usa con intervalos de siete días para cerrar con una fiesta con Jesús en las casas. También puede ser en la iglesia por medio de lo que llamamos fiesta de comunidad. A cada líder e integrante del grupo familiar se le pide llenar la hoja visión usando las categorías antes mencionadas. Acto seguido, comenzamos la batalla legal con los primeros siete días de oración y ayuno por esas almas; a la semana, se les hace la primera visita amistosa solo para conectar con las personas. Luego de otra semana de ayunos y oración, viene la segunda visita y se hace para buscar señales de espiritualidad y acción divina por ejemplo, muchas veces la gente pasa de estar apática a recibirte, te hacen preguntas religiosas, te cuentan sueños etc. Por último a los 21 días viene la visita de invitación a la fiesta con Jesús donde se presenta a Cristo donde muchos son los convertidos y bautizados después de un mes de ayuno y oración por medio de la hoja visión.

Funcionamiento de las redes de evangelismo

He estudiado muchas iglesias a nivel mundial. Una de las que más me ha impresionado por su liderazgo y alto nivel de gobierno, orden, unción y crecimiento es la Iglesia el Rey Jesús en Miami, Florida. Esta iglesia está bajo la dirección del Apóstol Guillermo Maldonado. Su sistema para recoger la cosecha nos impresionó de forma tal que lo adaptamos a nuestro propio contexto. Un líder que no es humilde para aprender de otro que ha hecho mucho más, y ha logrado tanto y está donde tú no has llegado no debería ser líder de nada. Veamos el concepto de redes que tenemos en Fuente de Avivamiento.

Concepto de red

Herramienta utilizada por los pescadores para agarrar todo tipo de peces sean grandes o pequeños. Los podemos encontrar de dos tipos: grandes y resistentes o pequeños y débiles. Un dato interesante es que mientras más grande sea la red más grande será la pesca. El mayor uso de una red grande en la pesca es de lugares abiertos. Es por esto que Dios nos envía a pescar al mar del mundo y no a las peceras de las iglesias.

Las redes recogerán las almas del Avivamiento que viene al Estado de Kentucky. Viene un tiempo de bendición y sobreabundancia. La iglesia hispana dejará de ser una iglesia pobre, apocada y diezmada para ser una iglesia en demostración del Espíritu y Poder, para ser una iglesia próspera, que será cabeza y no cola, estará arriba y no abajo, abundante y no escasa. Esta es la palabra profética que hemos recibido del Señor y ciertamente vendrá a la existencia en este mundo natural.

Base teológica de las redes:

Los tiempos de las pérdidas han terminado, las Escrituras declaran en Lucas 5:5-6 que los discípulos estaban cansados; pero aun así echaron la red en la palabra de Jesús y pescaron en abundancia. Sin embargo su red se rompía y esto ha estado sucediendo en la Iglesia Hispana del Estado de Kentucky. En esta hora profética, Dios está llamando a los pescadores de hombres a echar la red, esta vez a la derecha en Cristo Jesús orando juntos en el Espíritu por este Avivamiento, este despertar que comienza **HOY.** **D**eclaramos que esta vez será grande la pesca y la red no se romperá Juan 21:11.

La función de la red es que la pesca no se pierda, la red es el Espíritu Santo que en el pasado se rompía y se derramaba como el vino nuevo sobre odres viejos. La iglesia no le daba su lugar, pero estos son nuevos tiempos en los que Dios está llamando a la iglesia a poner al Espíritu Santo en su lugar. Él será el Señor (2 Corintios 3:17), Él será el pastor, Él preparará a la iglesia para la segunda venida del Hijo de Dios (Juan 14).

En contra de todo pronóstico humano sale esta palabra profética del Señor, así como cae la nieve y la lluvia de Kentucky y no retorna mas allá, sino que riega la tierra y da pan al que come y semilla al que siembra, así es esta palabra que no retornará vacía, sino que será prosperada; y las montañas de Kentucky darán palmadas de aplauso porque la pobreza, la ruina, la enfermedad y la escasez han sido echadas fuera del Estado.

Hemos abierto las puertas y las ventanas a la bendición, la salvación, la prosperidad y la sobreabundancia (Isaías 55:10-12).

Las redes son anfitriones de esta visitación poderosa de Dios por el Espíritu Santo que ungirá la atmósfera del estado de Kentucky en un Avivamiento sin precedentes en la historia del norte de Estados Unidos. Será como un estilo de vida de la iglesia, pero no es para un solo hombre y mucho menos para una sola iglesia. En Lucas 5:7 los discípulos tuvieron que llamar a otras barcas debido a la pesca tan abundante, tanto que sus barcas se hundían, así será con NUESTRA iglesia en este mover de Dios.

Aplicación:

> Red grande y resistente = pesca grande
> Red chica y débil = pesca pequeña

Propósito de las redes:

El objetivo será cumplir o ayudar a la iglesia madre a ejecutar los planes y las actividades del proceso ministerial para lograr el avance del reino en una ciudad.

¿Cuáles son las áreas de desempeño de una red?

Iglesia: para recibir al nuevo creyente, fiesta de bienvenida o una fiesta con Jesús, cuido de niños, bodas.

Eventos: evangelismo en las calles, obras misioneras en la ciudad, Escuela de Verano para niños y eventos deportivos.

Antorchas: fiesta de oikos, enseñanza del jueves, visita a los hogares

¿Qué se necesita para llegar a ser un líder de red ?

Ser Anciano, ministro, pertenecer a una de las oficinas de Efesios 4:11

El potencial que tienen las redes:

Es una pequeña iglesia en potencia, con todas las cualidades para ser una iglesia misional, pero que funciona o trabaja bajo la autoridad y cobertura de la Casa. Su principal enfoque es asistir a la iglesia madre en todas las necesidades ministeriales. Las 12 Redes de FDA están concentradas en trabajar desde afuera como un órgano vital de evangelismo y alcance a la comunidad. Además, las Redes son un medio de influencia que dan a conocer a la iglesia madre desde su campo misionero.

Funcionamiento de las redes los domingos:

o   Recoger a los necesitados.

o   Recoger la asistencia de los servicios.

o   Dar una cálida bienvenida a los nuevos convertidos.

o   Llevar los convertidos al salón de recibimiento.

o   Preparar refrigerio y orientación a los nuevos.

o   Conectarlos a las antorchas y su nuevo líder.

o   Comunicar la Visión y el propósito de FDA.

o   Hacer una lista de los mas receptivos e interesados en crecer.

La importancia de la evaluación y los reportes

La evaluación y los reportes son parte esencial de nuestro ministerio. Cada evento, líder, antorcha y redes son evaluados constantemente ya que entendemos que solo sucede y tiene éxito lo que se supervisa. Los reportes se dan a dos niveles: los reportes formales en reuniones de liderazgo y rendición de cuentas; y los reportes inmediatos después de realizar un tarea ordenada por un superior del ministerio y gobierno. El propósito de los reportes inmediatos, los cuales son los mas frecuentes, no es controlar a los líderes como piensan los rebeldes. Por ejemplo, en Fuente de Avivamiento los líderes que salen de la ciudad se reportan a su líder inmediato, se reportan al salir y se reportan al regresar. ¿Por qué? Bueno, es que una obra en movimiento siempre necesita líderes, tenemos que saber con quién contamos y con quién no, para una obra determinada. Si le pedimos una tarea a un líder ellos con un simple mensaje de texto, email, llamada, Facebook (grupos cerrados) o en persona reportan "hecho" se les entrena a decir "Lo haremos" y nunca decir que no se puede. ¿Por qué? ¿Cuál es nuestra visión? "Es ser un ejército…": lo creemos, lo vivimos y lo ejecutamos. El éxito producto de esta mentalidad de excelencia se ve en todo lo que hacemos, es verdaderamente impresionante.

Aprendimos esto en la escritura, grandes batallas se perdieron y se ganaron por causa de un buen o un mal reporte. Todos conocen la historia de los 12 espías que Dios envío por medio de Moisés a explorar la tierra. Ellos trajeron un mal reporte con excepción de Josué y Caleb. El resultado fue desgarrador: toda una generación se perdió por causa del mal reporte y solo Josué y Caleb fueron recompensados por Dios.

Números 13:1

> *Y Jehová habló a Moisés, diciendo: 2 Envía tú hombres que reconozcan la tierra de Canaán, la cual yo doy a los hijos de Israel; de cada tribu de sus padres enviaréis un varón, cada uno príncipe entre ellos. 3 Y Moisés los envió desde el desierto de Parán, conforme a la palabra de Jehová; y todos aquellos varones eran príncipes de los hijos de Israel.*

Luego Josué aprendió esta práctica y la usó para conquistar. En **Josué 2:1,** Josué envía espías a Jericó:

> *Josué, hijo de Nun, envió desde Sitim dos espías secretamente, diciéndoles: Andad, reconoced la tierra, y a Jericó. Y ellos fueron, y entraron en casa de una ramera que se llamaba Rahab, y posaron allí.*

La conquista no es posible sin que todos se reporten, la disciplina es lo que trae la victoria. Caleb y Josué fueron recompensados, Josué conquisto la tierra; y Caleb, llegado el momento, conquistó su heredad e hizo a Josué cumplir con la recompensa de su buen reporte.

Josué 14:6

> *Y los hijos de Judá vinieron a Josué en Gilgal; y Caleb, hijo de Jefone cenezeo, le dijo: Tú sabes lo que Jehová dijo a Moisés, varón de Dios, en Cades-barnea, tocante a mí y a ti.*

El que da buenos reportes tiene derecho a reclamar su recompensa, y por causa de ese reporte recibió visión y vida hasta que la palabra de Jehová se cumpliera.

Josué 14:10-11

> 10 Ahora bien, Jehová me ha hecho vivir, como él dijo, estos cuarenta y cinco años, desde el tiempo que Jehová habló estas palabras a Moisés, cuando Israel andaba por el desierto; y ahora, he aquí, hoy soy de edad de ochenta y cinco años.

Vemos que recibió larga vida "45 años":

> 11 Todavía estoy tan fuerte como el día que Moisés me envió; cual era mi fuerza entonces, tal es ahora mi fuerza para la guerra, y para salir y para entrar.

Además conservó su fuerza para pelear "cual era mi fuerza entonces, tal es ahora mi fuerza para la guerra". Oh, cuanto me diera Dios al menos 45 años de ministerio con la fuerza de Caleb, para seguir conquistando y estableciendo el reino. Todo por un reporte conforme al corazón de Dios.

Josué 14:14

> Por tanto, Hebrón vino a ser heredad de Caleb hijo de Jefone cenezeo, hasta hoy, por cuanto había seguido cumplidamente a Jehová Dios de Israel.

Veamos de manera práctica las áreas que evaluamos en la Iglesia local:

Antorchas:

Las antorchas se evalúan consistentemente usando la hoja de evaluación. Los lideres son evaluados para crecer en su liderazgo, entendimiento y realización de las antorchas. Una vez terminadas las antorchas, el líder debe reportar la asistencia a su líder o colíder de red para que se realice el reporte de asistencia en Antorchas Online (AOL) antes del domingo siguiente al jueves de antorchas.

Servicio de Adoración:

Los servicios de adoración también son evaluados con el objetivo de mantener, orden, ritmo, tiempo y fluidez. Buscamos que el ADN de la casa se mantenga puro para llegar a nuestro destino.

Líderes:

Los líderes también son evaluados consistentemente para buscar su crecimiento espiritual y conexión con la visión. Los líderes de antorchas son evaluados con las formas de evaluación por los supervisores; pero también pueden formar sus futuros colíderes usando estas formas de evaluación y mantener la consistencia.

Conclusión:

Un pueblo organizado y en orden es un pueblo fuerte por pequeño que sea. Un pueblo desordenado y rebelde siempre será esclavo de otro pueblo. Uno de los problemas más serios del pueblo hispano es que no somos organizados en su gran mayoría, y no nos ponemos de acuerdo. ¡Cuántas cosas se lograrían si practicáramos el orden! La situación migratoria ya hubiera cambiado, lo lograron los afroamericanos, lo podemos lograr nosotros. Ellos se organizaron bajo la dirección de un líder —Martin Luther King Jr—, como resultado lograron su liberación y sus derechos. En cambio, nosotros hacemos una marcha aquí, otra allá, nos quejamos; pero no nos organizamos, nadie está dispuesto a pagar el precio.

XI
CONCLUSIONES GENERALES

Es con el corazón y el espíritu de un hombre entregado por completo al ministerio que se ha escrito este libro. La motivación es ayudar a hombres y mujeres a convertirse en líderes balanceados y equipados para trasformar sus comunidades. Al hacer mi maestría, pude ver de primera mano que en el seminario te entrenan para ser un teólogo, un maestro de las Escrituras; pero no te entrenan para ser un líder. Y como resultado los pastores, en muchos casos, no tienen las herramientas para dirigir las congregaciones con efectividad. Además, sabemos que hay muchos líderes naturales y formados en las congregaciones, los cuales pueden ser una bendición o un problema si el pastor no está equipado como líder para guiarlos. Por consiguiente, al salir del seminario me propuse con mayor intensidad la ardua tarea de formar líderes y escribir sobre liderazgo. Quiero poner toda mi experiencia práctica y académica en manos de aquellos que buscan ser efectivos y acabar la obra que el Padre les ha encomendado.

Recuerdo un sueño que tuve hace un año aproximadamente, *En ese* sueño, me encontraba en un estadio lleno de gente. Yo, quien era espectador, al mismo tiempo, era quien predicaba y ministraba. La gente se convertía, y era sanada por multitudes. He tenido el privilegio, por la gracia de Dios, de ministrar cruzadas de sanidades y milagros con poder en muchos lugares. Pero, en este sueño era mucho más que todo lo que he hecho jamás, y el Señor me decía: ¿ves cómo se convierten? ¿Ves cómo vienen a mis pies? Yo respondía con lágrimas: "Sí Señor, predicar y ministrar a tu pueblo es lo que amo y quiero hacer toda mi vida"; y me respondió "sigue observando", y comencé a ver cómo muchos se perdían después de la cruzada, cómo los pastores y líderes no podían retener la cosecha. Un vez más, el Señor me volvió a decir: "Tengo a muchos haciendo cruzadas de sanidad y milagros, pero pocos entrenando a mi pueblo para establecer el reino y conquistar, quiero que vayas y hagas eso. Entrena a mi pueblo, quiero que formes líderes". Yo daba gritos, lloraba y lloraba profusamente. Al final dije: "Sí, Señor yo iré, si eso es lo que quieres que haga, yo lo haré" y desperté.

Aquí estoy cumpliendo la voluntad de mi Señor, este libro es una herramienta de trabajo práctica para todo aquel que se encuentra en el ministerio cansado de trabajar sin resultados, con iglesias pequeñas que no crecen, con gente difícil que no obedece. Es un libro para aquellos que no se dan por vencidos y quieren trasformar su ciudad. Adelante, cada uno de los principios que ofrecemos en este libro están probados en el fuego de la vida ministerial diaria. Son fruto de 12 arduos años de trabajo en la plantación de iglesias. Oramos para que el Dios del cielo traiga fruto a tu ministerio y te bendiga al usarlos tan ricamente como me ha bendecido a mí y mi pueblo. Les ama sinceramente un compañero de milicia.

Pastor Dr. Álvarez

DECLARACIÓN BIOGRÁFICA

 El Dr. Álvarez, nativo de Cuba, es médico veterinario de profesión graduado en la Habana, Cuba, de la Universidad de Ciencias Agropecuarias de la Habana. Vino a los Estados Unidos en el año 2001, momento en que Dios comenzó a trabajar en su vida de forma sobrenatural. Como consecuencia, fue radicalmente transformado por el Espíritu Santo para ministrar un mensaje de fuerza y de poder. Desde el 2002, comenzó a servir como pastor local en la Iglesia Metodista Unida en Kentucky. La pérdida de su primera esposa en un accidente automovilístico en el 2003 le ha dado una perspectiva única de vida que es respaldada por una convicción divina.

El Dr. Álvarez sirve apasionadamente a Dios en todos los ámbitos del liderazgo, haciendo una diferencia transformadora en nuestras comunidades. Está radicalmente comprometido a alcanzar a los perdidos para establecer el reino de Dios aquí y ahora. Una evidencia de este compromiso es el reconocimiento "The Harry Denman Award", que le otorgó la Fundación Nacional de Evangelismo en el 2013, así como el reconocimiento a la Iglesia con el mayor número de profesiones de fe de la Conferencia de Kentucky.

En el 2012, Dios le permitió concluir cinco años del Curso de Estudios en el Seminario Teológico Garret, en Chicago, Illinois. También posee una maestría en Divinidad de United Theological Seminary, en Dayton, Ohio. Además, el pastor Álvarez cuenta con una maestría en Liderazgo de Lindsey Wilson College.

Apasionado, con una unción apostólica, el Dr. Álvarez tiene el honor de plantar y pastorear tres iglesias, junto a su amada esposa Zulayne

Álvarez y líderes internacionales. Es un privilegio compartir con todos ustedes las enseñanzas y estrategias probadas que Dios nos ha dado a través de estos años. Practique estos principios, y su ministerio no solo crecerá, sino que será relevante.

BIBLIOGRAFÍA

Biblia de Referencia Thompson. (1987). Indianápolis, Indiana: Editorial Vida.

Muñoz, M. (2001). *Meeting guides for cell leaders*. Barcelona: Editorial Clie.

Maldonado, G. (2008). *Integral Apostolic Discipleship Level 1*. Miami: ERJ publications.

Maldonado, Guillermo. (2006) *El Ministry of the Apostle*. (1st Ed.) Miami: ERJ publications.

Maldonado, G. (2007). *I need a father* . Miami: Editorial Vida.

New Bible Dictionary. (2003). Miami: Editorial Unit.

New Illustrated Bible Dictionary. (1998). Miami: Editorial Caribe.

Rodríguez, R. & Rodríguez M. P. (1996). *The Presence of God today*. (5th ed.). Colombia: Editorial Unilit.

The Little Larousse Illustrated. (2002). Barcelona: Ediciones Larousse.

Strong J., LL.D, S.T.D., (2002). *Exhaustive Concordance of the Bible*, Miami: Editorial Caribe.

Yonggi, Cho, D. (2004). *45 Years of Hoope*. Buenos Aires: Editorial Peniel.

CPSIA information can be obtained at www.ICGtesting.com
Printed in the USA
LVOW13s0339070314

376350LV00001B/6/P